RENATE UND KARL-HERMANN SCHNEIDER

Ideen für Kinder rund ums Kirchenjahr

Mit Ringel und Kringel auf Zeitreise

Karl-Hermann Schneider, Beamter a.D., freier Schriftsteller, verheiratet mit Renate Schneider, Lehrerin, Buch-Illustratorin und Buch-Autorin. Seine Frau und er haben zahlreiche Bücher herausgegeben.

Abbildungen im Innenteil: Renate Schneider

hänssler-Paperback
Bestell-Nr. 393.650
ISBN 3-7751-3650-9

Titelfotos: Project-Fotos/Christian Kocherscheidt
Umschlaggestaltung: Daniel Kocherscheidt
Satz: AbSatz, Klein Nordende
Druck und Bindung: Ebner Ulm
Printed in Germany

Inhalt

Epiphanias

Palmsonntag

Karfreitag

Ostern

Himmelfahrt

Pfingsten

Erntedankfest

Reformationstag

Buß- und Bettag

Hallo, liebe Kinder!

Kennt ihr schon die lustigen Bücherwürmer Ringel und Kringel?

Sie leben im Lager eines großen Verlages und »fressen« sich durch so manches Buch hindurch.

Neulich fanden sie dort einen Kalender und begannen, sich hindurchzukringeln. Dabei entdeckten sie viele Festtermine.

Nun möchten die beiden euch begleiten auf einer Zeitreise durch das Kirchenjahr. Ihr findet in diesem Buch Wissenswertes über die Festtage, das auch das Lösen der Rätsel erleichtert, Spiel- und Bastelideen und Bilder zum Ausmalen für die Jüngeren unter euch. Diese Malbilder könnt ihr auch als Vorlagen für Fensterbilder aus Tonkarton oder in Window-Colour-Technik verwenden!

Viel Spaß beim Lesen, Spielen, Raten und Basteln wünschen euch

Renate und Karl-Hermann Schneider

Hinweise für die Erwachsenen

Mit diesem Buch möchten wir Ihnen einen Begleiter durch das Kirchenjahr für Sie und Ihre Kinder an die Hand geben.
Die Feste des Kirchenjahres werden zunächst mit kindgemäß vereinfachten Bibeltexten in Anlehnung an die Übersetzung »Die Gute Nachricht - Die Bibel in heutigem Deutsch« dargestellt. Da die biblischen Geschichten relativ kurz dargestellt sind, können Sie selbst die Texte je nach Bedarf und Fragen der Kinder ergänzen und erweitern. Zusätzlich bieten wir Wissenswertes rund um die Feiertage an, zum Beispiel: Entstehung, Brauchtum und Anregungen zur Gestaltung in Familie und Gemeinde.

Einen breiten Raum nehmen in diesem Buch die Rätsel und Spielvorschläge ein. Die Rätsel sind sehr verschieden gestaltet und haben einen unterschiedlichen Schwierigkeitsgrad. So können Sie je nach Alter und Entwicklungsstand der Kinder die Rätsel differenziert auswählen. Die bei den Rätseln angegebenen Bibelstellen beziehen sich auf die »Die Gute Nachricht — Die Bibel in heutigem Deutsch«. Die Lösungen finden Sie im Anhang des Buches.
Die meisten Spiele sind ohne große Vorbereitung durchzuführen. Für die Würfelspiele empfehlen wir, die Spielpläne vergrößert zu kopieren, mit den Kindern farbig zu gestalten und auf Pappe aufzuziehen. Wenn häufiger gespielt werden soll, kann die Haltbarkeit durch Bekleben mit Klarsichtfolie oder Laminieren gesteigert werden.
Die Bastelarbeiten können je nach Alter der Kinder allein oder unter Anleitung der Erwachsenen angefertigt werden.
Bitte beachten Sie beim Basteln des Kreuzes zu Karfreitag, dass die Kinder keinesfalls unbeaufsichtigt mit Streichhölzern hantieren!
Die Bilder zum Ausmalen sind für jüngere Kinder gedacht, können aber auch als Vorlagen für Fensterbilder aus Tonkarton oder in Window-Colour-Technik dienen.
Das vorliegende Buch eignet sich als Begleiter durch das Kirchenjahr für Familien, Kindergruppen in Gemeinden und im Kindergottes-

dienst, in Kindergärten und im Religionsunterricht der Grundschule. Viel Freude bei der »Zeitreise« durch das Kirchenjahr mit den Kindern wünschen
Ihnen

Renate und Karl-Hermann Schneider.

Advent

Bibelspruch zum 1. Advent (nach Sacharja 9, 9)
Siehe, dein König kommt zu dir, er ist gerecht und er hilft.

Bibelspruch zum 2. Advent (nach Lukas 21, 28)
Seht auf und hebt eure Köpfe hoch, weil eure Rettung bald kommt!

Bibelspruch zum 3. Advent (nach Jesaja 40, 3.10)
Bereitet für den Herrn den Weg vor; denn siehe, der Herr kommt mit Macht.

Bibelspruch zum 4. Advent (nach Philipper 4, 4.5)
Freut euch immer, wenn ihr an den Herrn denkt, und noch einmal sage ich: Freut euch! Der Herr ist schon nahe!

Warum und wie feiern wir Advent?

Mit der Adventszeit beginnt das neue Kirchenjahr. Weißt du eigentlich, was »Advent« bedeutet? Das Wort kommt aus der lateinischen Sprache und heißt »Ankunft«. In den vier Wochen vor Weihnachten freuen wir uns auf die Ankunft, die Geburt des Jesuskindes.

Schon im Alten Testament sagte ein Prophet: »Macht die Tore weit und die Türen in der Welt hoch, dass der König der Ehren einziehe« (Psalm 24, 7 — Lutherbibel).

Die Christen feiern Advent schon sehr lange. Im Jahre 524 wurde zum ersten Mal eine Zeit von vier Wochen angeordnet, in der man sich auf Weihnachten vorbereiten sollte.

Aber wir denken in der Adventszeit auch daran, dass Jesus Christus am Ende der Zeiten einmal sichtbar wiederkommen wird.

Jedes Jahr stellen wir zum ersten Adventssonntag einen Adventskranz auf. Er wird aus Tannengrün gebunden und hat vier Kerzen. Jeden Sonntag dürfen wir eine Kerze mehr daran anzünden. Dieser Brauch ist nicht sehr alt.

Johann Heinrich Wichern, der Gründer der »Inneren Mission«, errichtete im 19. Jahrhundert in Hamburg das »Rauhe Haus«. Das war ein Heim für gefährdete Jugendliche. Dort ließ Johann Heinrich Wichern in der Adventszeit am Kronleuchter die vier Kerzen nacheinander anzünden. Daraus entstand der Brauch des Adventskranzes, der sich sehr schnell verbreitete.

Was bedeuten der runde Kranz und seine vier Kerzen? Der Kranz war ursprünglich ein Sinnbild des Sonnenrades, denn Ende Dezember beginnt die Sonne wieder ein wenig höher hinaufzusteigen.

Die Kerzen sind Symbole für die vier Jahrtausende, die die Menschen auf die Geburt des Erlösers Jesus Christus warten mussten.

Advent in Ungarn

In Ungarn ist es Sitte, dass die Kinder am ersten Advent ein »Hemdchen vom Christkind« aus Papier ausschneiden. Es werden viele Längsfalten hinein gemacht, dann schneidet man mit der Schere in jede Falte schräge Schnitte, so dass dreieckige Winkel entstehen.

Aus Dank gegenüber dem Kind in der Krippe schreiben die Kinder all ihre guten Taten, die sie tun wollen, zwischen die Falten. So schreibt zum Beispiel Renate: »Ich räume mein Zimmer auf.« — »Ich helfe meiner Mutti im Haushalt.« — »Ich gehe einkaufen.«
Jedesmal, wenn Renate einen ihrer guten Vorsätze in die Tat umsetzt, darf sie einen kleinen dreieckigen Winkel von der betreffenden Falte hochknicken, so dass eine Spitzenzacke entsteht. Wenn schließlich immer mehr Spitzenzacken sichtbar werden, umso schöner ist das »Hemdchen vom Christkind«. Den Kindern bereitet es große Freude, wenn das Spitzenhemdchen bis Weihnachten fertig ist. Voraussetzung ist natürlich, dass ein Kind auch bis Weihnachten recht viel Gutes tut.
Es herrscht in Ungarn in der Adventszeit noch eine Sitte. Man stellt eine kleine Krippe auf. Vom 1. Advent bis Weihnachten legen die Kinder jeden Tag einen Strohhalm in die Krippe, bis sie gefüllt ist. Hast du Lust bekommen, es den ungarischen Kindern nachzumachen?

Adventskranz (Bild zum Ausmalen)

Advent

Advent! Advent!
Ein Lichtlein brennt,
erst eins, dann zwei,
dann drei, dann vier,
dann steht das Christkind
vor der Tür.

Volksgut

Den Adventskalender gibt es erst seit dem 20. Jahrhundert. Jeden Tag im Dezember darf man ein Türchen oder ein Päckchen öffnen und findet eine Kleinigkeit darin. So vergeht die Wartezeit bis zum Weihnachtsfest schneller.

Es war einmal eine Glocke

Es war einmal eine Glocke,
die machte baum, baum ...
Und es war einmal eine Flocke,
die fiel dazu wie im Traum ...

Die fiel dazu wie im Traum ...
Die sank so leis hernieder
wie ein Stück Engleingefieder
aus dem silbernen Sternenraum.

Es war einmal eine Glocke,
die machte baum, baum ...
Und dazu fiel eine Flocke,
und so leis als wie ein Traum ...

18

So leis als wie ein Traum ...
Und als vieltausend gefallen leis,
da war die ganze Erde weiß,
als wie von Engleinflaum.

Da war die ganze Erde weiß,
als wie von Engleinflaum.

Christian Morgenstern

Die drei Spatzen und der Schnee

In einem leeren Haselstrauch
da sitzen drei Spatzen, Bauch an Bauch.

Der Erich rechts und links der Franz
und mittendrin der freche Hans.

Sie haben die Augen zu, ganz zu,
und obendrüber da schneit es, hu!

Sie rücken zusammen dicht an dicht.
So warm wie der Hans hat's niemand nicht.

Sie hören alle drei ihrer Herzlein Gepoch.
Und wenn sie nicht weg sind, so sitzen sie noch.

Christan Morgenstern

Nikolaus

Ein wichtiger Tag in der Adentszeit ist der 6. Dezember, der Nikolaustag. Warum feiern wir diesen besonderen Tag? Es ist der Todestag
des Bischofs Nikolaus von Myra.

Die Stadt Myra lag südlich der heutigen Stadt Antalya an der Süd-
küste der Türkei.

Im 4. Jahrhundert, als Bischof Nikolaus lebte, nannte man dieses
Gebiet Kleinasien.

Bis heute wird über ihn folgende Legende erzählt:

In Kleinasien war vor 1600 Jahren eine furchtbare Hungersnot ausge-
brochen. Viele Menschen starben, weil sie nichts mehr zu essen hatten. Jeden Tag schauten sie im Hafen, ob die Schiffe, die Getreide aus
Ägypten bringen sollten, noch nicht in Sicht waren. Vergeblich! Vor
der großen Kirche der Stadt Myra stand jeden Tag der Bischof Nikolaus und tröstete die verzweifelten Leute. Die Menschen glaubten

ihm, wenn er ihnen versicherte: »Die Schiffe sind bestimmt schon unterwegs. Es kann nicht mehr lange dauern, bis sie eintreffen.« Endlich entdeckte man die Segel der Schiffe am Horizont. Aufgeregt liefen alle zum Hafen, um die Ankunft der Schiffe zu beobachten und das Getreide in Empfang zu nehmen. Aber, o Schreck! Ein Seeräuberschiff versperrte die Hafeneinfahrt. Ein abgesandter Seeräuber kam und stellte die Bedingung für die Einfahrtserlaubnis der Getreideschiffe: »Ihr müsst ein Seeräuberschiff voll Gold laden!«

Die Einwohner von Myra opferten ihren Schmuck, ihre Ringe, Ketten, Armreifen und Ohrringe und alle anderen kostbaren Gegenstände, die sie besaßen. Aber es war kaum der Boden des Seeräuberschiffes bedeckt!

Nun forderten die Seeräuber: »Für jedes fehlende Pfund Gold müsst ihr ein Kind auf das Schiff bringen.« Die Eltern erschraken. Sie wussten: »Die Seeräuber verkaufen unsere Kinder als Sklaven. Wir werden sie niemals wieder sehen!« Sie weigerten sich und flehten um Gnade. Doch die Seeräuber waren hart und unerbittlich. Da riefen einige Leute aus Myra: »Warum sollen wir alle verhungern? Bringt die Kinder auf das Schiff!«

Da rief der Bischof Nikolaus: »Halt, die Kinder bleiben hier! Ich werde den Seeräubern die Goldschätze der Kirche geben.« So rettete Bischof Nikolaus die Kinder von Myra. Die Seeräuber waren zufrieden und ließen die Getreideschiffe in den Hafen einlaufen. Das Getreide wurde ausgeladen und alle wurden vor dem Hungertod bewahrt.

Zur Erinnerung an diese und ähnliche alte Legenden werden die Kinder heute noch am Nikolaustag beschenkt.

Aber wo der Nikolaus zu sehen ist, trägt er auch eine Rute bei sich. Warum das so ist, erzählt eine alte Geschichte.

Der Bischof Nikolaus war streng, aber gerecht. Er soll mit eigener Hand einen Prior, das ist der Vorsteher eines katholischen Klosters, mit der Rute geschlagen haben, weil der Prior die Mönche nicht zu Ehren des Bischofs singen lassen wollte.

Aus diesem Grund begleitet den Nikolaus die Rute.

Nikolauslied

Lasst uns froh und munter sein
und uns recht von Herzen freun!
Lustig, lustig, trallerallera,
bald ist Niklausabend da,
bald ist Niklausabend da.

Dann stell ich den Teller auf,
Niklaus legt gewiss was drauf.
Lustig, lustig, trallerallera,
bald ist Niklausabend da!

Wenn ich schlaf, dann träume ich:
Jetzt bringt Niklaus was für mich.
Lustig, lustig, trallerallera,
nun war Niklausabend da!

Wenn ich aufgestanden bin,
lauf ich schnell zum Teller hin.
Lustig, lustig, trallerallera,
nun war Niklausabend da!

Niklaus ist ein guter Mann,
dem man nicht genug danken kann.
Lustig, lustig, trallerallera,
nun war Niklausabend da!

Volksweise aus dem Hunsrück

Nikolaus (Bild zum Ausmalen)

Quiz zum Advent

Nenne die richtige Antwort a, b oder c

1 Wie viel Advents-Sonntage gibt es?

- ❏ a) 3 Sonntage
- ❏ b) 4 Sonntage
- ❏ c) 5 Sonntage

2 Was heißt Advent?

- ❏ a) Ankunft
- ❏ b) Lichterfest
- ❏ c) Kerzenfest

3 Wie nennt man den runden Kranz, auf den man Kerzen steckt?

- ❏ a) Weihnachtskranz
- ❏ b) Blumenkranz
- ❏ c) Adventskranz

4 Wie viele Kerzen sind auf dem Adventskranz?

- ❏ a) 3 Kerzen
- ❏ b) 4 Kerzen
- ❏ c) 5 Kerzen

5 Seit welchem Jahrhundert gibt es einen Adventskranz?

☐ a) seit dem 17. Jahrhundert
☐ b) seit dem 18. Jahrhundert
☐ c) seit dem 19. Jahrhundert

6 Wann beginnt die Adventszeit?

☐ a) am 4. Sonntag vor Weihnachten
☐ b) am 5. Sonntag vor Weihnachten
☐ c) am 6. Sonntag vor Weihnachten

7 Wie nennt man den 6. Dezember in jedem Jahr?

☐ a) Martinstag
☐ b) Nikolaustag
☐ c) Heiliger Abend

8 Nenne einen anderen Namen für Nikolaus.

☐ a) Weihnachtsmann
☐ b) Bischof von Myra
☐ c) Knecht Ruprecht

Kerzenrätsel

Wenn du die Buchstaben in den Kerzen richtig sortierst, ergeben sich vier Wörter. Bringe die Wörter in die richtige Reihenfolge, dann liest du den Anfang eines bekannten Adventsliedes — ü = ue.

Lösung:

Kastenrätsel

Rate zuerst die 6 Begriffe und trage sie waagerecht in den Kasten ein. Gesucht werden Gegenstände, die sich auf einem Adventskranz befinden. Das Lösungswort ergibt sich aus Senkrecht Nr. 1.

Waagerecht:

1 Autokennzeichen für Köln
2 der Name einer Haselmaus; eines Siebenschläfers
3 die Mutter von Jesus
4 Autokennzeichen für Schwarzenberg
5 chemisches Zeichen für Tellur
6 Autokennzeichen für Nürnberg

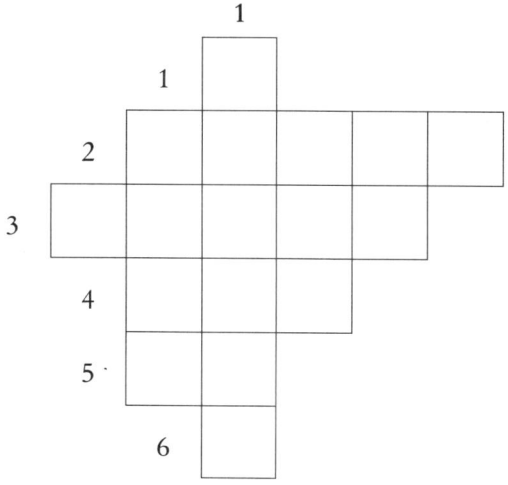

Adventspuzzle

Sebastian hat vor einiger Zeit von seinen Eltern einen Computer zum Geburtstag bekommen. Nun möchte er gern in der Adventszeit ein kleines Gedicht in den Computer eingeben. Er hat in der Aufregung jedoch alles durcheinander gebracht.
Wer hilft ihm, die einzelnen Silben richtig zu sortieren?

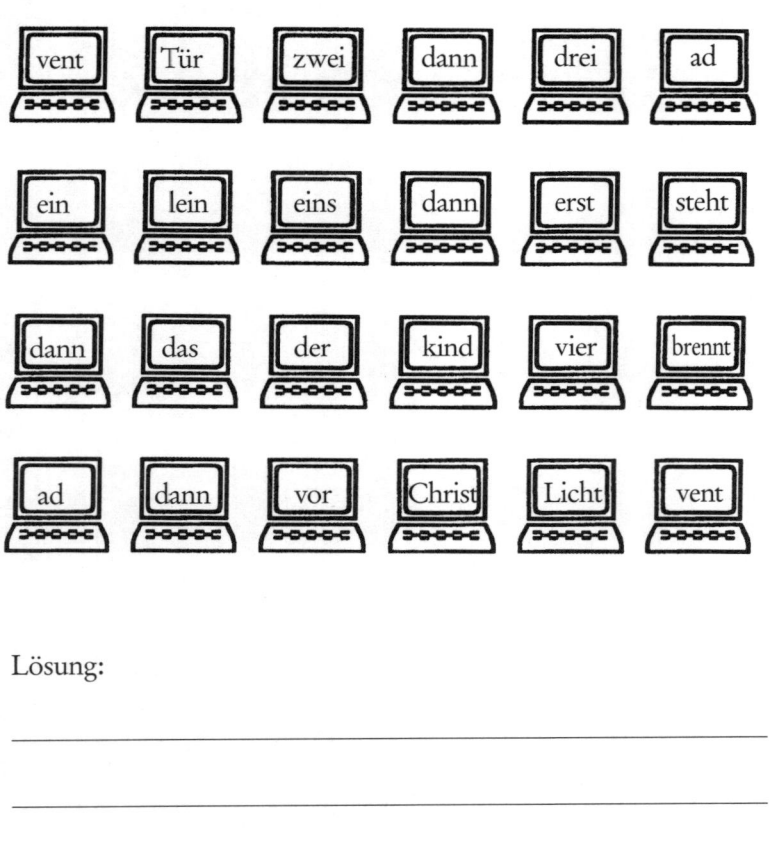

Lösung:

_____

_____

_____

Wir basteln einen Adventskalender

Jedes Jahr freuen sich die Kinder auf ihren Adventskalender. Dann gibt es vom 1. bis zum 24. Dezember täglich eine Überraschung. Denn die Kinder wissen nicht, was sich im Adventskalender verbirgt. Wie wäre es, wenn du in diesem Jahr selbst einen Adventskalender bastelst? Das ist gar nicht so schwer. Vielleicht machen deine Geschwister auch mit?

Wenn der Adventskalender fertig ist, gibst du ihn einfach deiner Mutti, die dann für dich die täglichen Überraschungen in die leeren Streichholzschachteln legt.

Material:

24 leere Streichholzschachteln, Pappe;
kleine Perlen oder Knöpfe;
Klebstoff; Schere.

Und so wird es gemacht:

24 leere Streichholzschachteln, und zwar vier mal sechs Schachteln, zusammenkleben. Als Ziehknöpfe klebst du nun kleine Perlen oder dickere Knöpfe an die Schachteln. Besser hält das Ganze, wenn du die 24 zusammengeklebten Streichholzschachteln noch zusätzlich auf eine zugeschnittene Pappe klebst.

Zum Schluss kommen wir zu dem Dach. Das Dach wird aus Pappe passend zugeschnitten, bemalt und auf den Block der Streichholzschachteln geklebt *(siehe Zeichnung)*. Und wenn du willst, kannst du auf das Dach noch Bonbons oder andere Süßigkeiten kleben.

Und nun guten Appetit beim Naschen!

Wir basteln Weihnachtssterne aus Filz

Wir benötigen an Material:
dunkelroten Filz, 10 grüne Holzperlen (3 mm), 10 grüne Holzperlen
(8 mm), dunkelrotes Nähgarn, eine dünne Stopfnadel, Schere, Bleistift, dunkelgrünen Tonkarton, Klebstoff und eine Heftzwecke.

Zuerst zeichnet man mit Bleistift auf dem Filz 10 Blütenblätter *(siehe
Zeichnung 1)* auf und schneidet sie mit der Schere sorgfältig aus.
Fädle nun einen langen Faden Nähgarn doppelt in die Stopfnadel ein
und mache am Ende einen Knoten hinein.
Knicke nun ein Blütenblatt am dicken Ende mit Daumen und Zeige-
finger zusammen *(siehe Zeichnung 2)* und steche in der Mitte die Na-
del mit dem Faden hindurch. Schiebe das Blütenblatt bis etwa 10 cm
vor den Knoten.
Nun fädeln wir eine Perle auf, danach das zweite Blütenblatt und
wieder eine Perle. So geht es abwechselnd weiter, bis alle Blätter und
Perlen aufgereiht sind. Ziehe nun die Nadel heraus und verknote die
beiden Fadenenden fest miteinander, so dass die Blütenblätter einen
Kreis bilden.
Wenn du den Weihnachtsstern aufhängen möchtest, lass den Faden
etwas länger hängen und knote eine Schlaufe. Schneide den Rest des
Fadens ab.

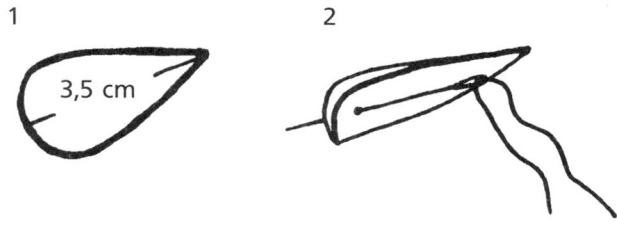

Für einen Weihnachtsstern als Kerzenhalter schneide 10 große Blütenblätter *(siehe Zeichnung 3)* aus. Anschließend bastelst du den Stern
wie oben beschrieben.

Nach dem Verknoten der Fäden schneidest du sie kurz hinter dem Knoten ab.

Zum Schluss schneidest du einen Kreis (*siehe Zeichnung 4*) aus grünem Tonkarton zu und klebst ihn unter den Stern. Steche von unten die Heftzwecke vorsichtig durch die Pappe. In die Mitte zwischen den Perlenkreis kannst du nun auf die Heftzwecke eine Kerze stellen.

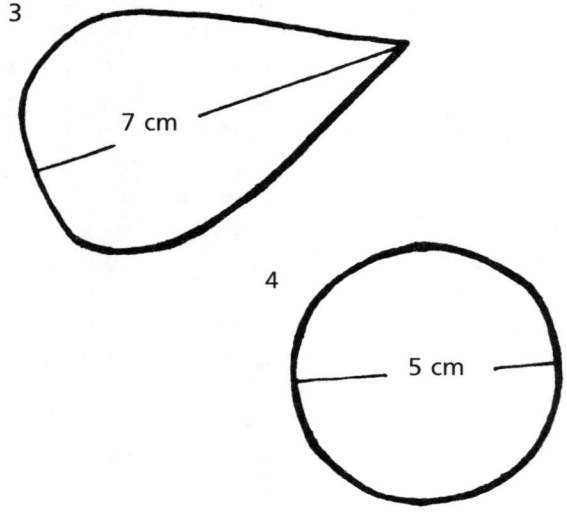

Adventliches Gedächtnisspiel

Mitspieler: drei und mehr

Die Kinder sitzen um einen Tisch. In der Tischmitte liegen folgende Gegenstände:

weiße Kerze; gelbe Kerze; Schokoladen-Nikolaus; Tannenzweig; blaues Band; rotes Band; Kerzenhalter; Kerzenständer; Liederbuch; die Bibel; Adventskranz; Adventskalender; Lebkuchen; Stern aus Goldfolie; Nussknacker; Walnuss; Räuchermännchen.

Zunächst liegt ein Tuch auf diesen Gegenständen.
Der Spielleiter entfernt das Tuch und alle Kinder betrachten sich die Gegenstände. Nach einigen Minuten deckt der Spielleiter die Gegenstände wieder zu.
Jedes Kind bekommt ein Blatt Papier und einen Bleistift. Nun müssen alle aus dem Gedächtnis aufschreiben, was auf dem Tisch liegt.
Wer die meisten, am besten natürlich alle, Gegenstände aufgeschrieben hat, der hat gewonnen und bekommt einen Schokoladen-Nikolaus.

Abwandlung für Kinder, die noch nicht schreiben können:

Wenn die Gegenstände wieder zugedeckt worden sind, werden alle Kinder aus dem Zimmer geschickt.
Der Spielleiter ruft die Kinder dann einzeln herein und sie sagen ihm die Gegenstände, die sie behalten haben, aus dem Gedächtnis auf.
Der Spielleiter notiert sich die Anzahl, und der Gewinner mit den meisten Punkten bekommt einen Schokoladen-Nikolaus, alle anderen Kinder einen Trostpreis.

Dreieck mit Nüssen (Spiel)

Mitspieler: drei und mehr

Die Kinder sitzen um einen Tisch. 28 Nüsse liegen vor jedem der Kinder. Und zwar so, dass jedes Kind ein Dreieck vor sich liegen hat *(siehe Abbildung)*. Jedes Kind bekommt einen Beutel oder eine Tüte. Reihum wird gewürfelt. So hoch die gewürfelte Augenzahl ist, muss man von seinem Dreieck Nüsse wegnehmen und in den Beutel stecken.

Beispiel: Nils würfelt eine »4«, also muss er vier Nüsse von seinem Dreieck wegnehmen und in seinen Beutel stecken.

Liegen nicht mehr so viel Nüsse vor einem Kind, wie es gewürfelt hat, darf es beim rechten Nachbarn die fehlenden Nüsse wegnehmen, später vom übernächsten Mitspieler usw.

Man kann also weiterspielen, auch wenn man selbst kein Dreieck mehr besitzt!

Erst, wenn keine Nuss mehr auf dem Tisch liegt, ist auch das Spiel zu Ende. Sieger ist, wer sich die meisten Nüsse erwürfelt hat.

»Nuss«-Dreieck:

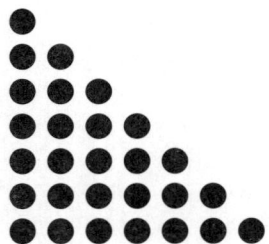

Macht hoch die Tür (Spiel)

Mitspieler: beliebig viele

Alle Kinder stellen sich zu zweit gegenüber auf. Jedes der beiden Kinder hebt seine Hände hoch und sie bilden damit einen Bogen. Die letzten beiden Kinder beginnen mit dem Spiel. Wenn alle Kinder »Macht hoch die Tür« singen, müssen die beiden letzten durch die Bögen kriechen und sich vor die ersten Kinder stellen. Jetzt sind die nächsten beiden Kinder dran und so geht es weiter, bis alle die Bögen durchkrochen haben.

Abwandlung: Die Kinder können, wenn sie durch den Bogen gekrochen sind, wiederum einen neuen Bogen bilden. Und so kann man spielen, bis man keine Lust mehr hat.

Macht hoch die Tür, die Tor macht weit,
es kommt der Herr der Herrlichkeit,
ein König aller Königreich, ein Heiland aller
Welt zugleich, der Heil und Leben mit sich bringt;
derhalben jauchzt, mit Freuden singt:
Gelobet sei mein Gott, mein Schöpfer reich von Rat.

Er ist gerecht, ein Helfer wert;
Sanftmütigkeit ist sein Gefährt;
sein Königskron ist Heiligkeit,
sein Zepter ist Barmherzigkeit.
All unsre Not zum End er bringt,
derhalben jauchzt, mit Freuden singt:
Gelobet sei mein Gott, mein Heiland groß von Tat.

Georg Weissel (1590-1635)

Die Reise nach Betlehem (Würfelspiel)

Für dieses Würfelspiel braucht ihr den Spielplan *(am besten heraus-kopieren, vergrößern und bunt bemalen)*, für jeden Mitspieler eine Spielfigur und einen Würfel.

Schon kann es losgehen! Alle Spieler stellen ihre Figuren in den Ort Nazaret. Wer als Erster eine »6« würfelt, darf beginnen und sich auf die »Reise« nach Betlehem machen.

Unterwegs kann aber allerlei geschehen!

Beachtet dazu die Ereignisfelder! Wer als Erster den Stall von Betlehem erreicht, hat gewonnen.

Keine Spielfigur darf hinausgeworfen werden, daher können auch mehrere Figuren auf einem Feld stehen.

Viel Spaß!

Ereignisfelder

1 Kaiser Augustus ordnet an, dass alle Einwohner in Steuerlisten eingetragen werden müssen. Josef hört den Befehl an. *Setze einmal aus!*

2 Maria und Josef bereiten die Reise nach Betlehem vor, weil ihre Vorfahren von dort stammten. Jeder musste sich in der Heimat seiner Vorfahren eintragen lassen. *Setze zweimal aus!*

3 Maria und Josef brechen auf. *Gehe zwei Felder vor!*

4 Maria und Josef kommen wegen Marias Schwangerschaft nur langsam voran. *Setze einmal aus!*

5 Josef kauft einen Esel als Reittier für Maria. So können sie schneller reisen. *Gehe drei Felder vor!*

6 Ankunft in Betlehem! *Gehe ein Feld vor!*

7 Maria und Josef finden keine Unterkunft in Betlehem, weil alle Herbergen und Gasthäuser überfüllt sind! *Gehe zurück nach Nazaret!*

8 Sie finden einen leer stehenden Stall und bleiben dort! *Gehe vor bis zum Ziel!*

Spielplan

Nazaret

Stall von Betlehem

Weihnachten

Jesu Geburt (nach Lukas 2, 1-20)

Kurz bevor Jesus geboren werden sollte, erließ Kaiser Augustus den Befehl, dass alle Bewohner in Steuerlisten einzutragen seien. Auch Josef und Maria zogen von der Stadt Nazaret in Galiläa nach Betlehem und ließen sich eintragen, um ihre Steuern zahlen zu können. Maria war schwanger und erwartete ihr erstes Baby. Als es soweit war, dass Jesus geboren werden sollte, wies man sie in der Herberge ab, weil für sie kein Platz vorhanden war. Schließlich wurde Jesus in einem Stall geboren. Maria wickelte Jesus in Windeln und legte ihn in die Krippe. Dass Jesus geboren werden sollte, war für die Menschen eine große Freude. All die Engel verkündeten einigen Schafhirten von der Geburt Jesu. Daraufhin eilten die Hirten nach Betlehem, um das Jesuskind anzubeten.

Entstehung des Weihnachtsfestes

Das Weihnachtsfest wird heute überall auf der Welt, wo Christen leben, am 25. Dezember als Fest der Geburt Jesu Christi gefeiert. Aber erst ungefähr 400 Jahre nach seiner Geburt fing man an, in der Nacht vom 24. auf den 25. Dezember das Fest zu feiern.
Das älteste Weihnachtsfest, von dem wir wissen, wurde im Jahre 354 n. Chr. in Rom gefeiert. Das Fest konnte sich schnell überall ausbreiten, weil am 25. Dezember bereits die Ägypter, Syrer, Griechen und Römer den Geburtstag des »unbesiegten Sonnengottes« feierten. Auf den gleichen Tag fiel bei den Germanen das Fest der Wintersonnenwende, das Julfest.
Das Wort »Weihnachten« in unserer Sprache kommt wahrscheinlich aus dem Mittelhochdeutschen. So sprach man früher in Deutschland. »Ze den wihen nahten«, das heißt »zu den heiligen Nächten«, taucht schriftlich im Jahr 1170 in einem Weihnachtslied des bayerischen Spielmanns Spervogel auf.

Als »Fest der Familie«, auf das wir uns alle jedes Jahr wieder freuen, wird Weihnachten erst seit dem 14. Jahrhundert gefeiert!

Weihnachtsfest (Bild zum Ausmalen)

Weihnachten

Markt und Straßen stehn verlassen,
still erleuchtet jedes Haus.
Sinnend geh ich durch die Gassen,
alles sieht so festlich aus.

An den Fenstern haben Frauen
buntes Spielzeug fromm geschmückt;
tausend Kindlein stehn und schauen,
sind so wunderstill beglückt.

Und ich wandre aus den Mauern
bis hinaus ins freie Feld,
hehres Glänzen, heilges Schauern!
Wie so weit und still die Welt!

Sterne hoch die Kreise schlingen;
aus des Schnees Einsamkeit
steigt's wie wunderbares Singen —:
O du gnadenreiche Zeit!

Joseph von Eichendorff

Die Heilige Nacht

So ward der Herr Jesus geboren
Im Stall bei der kalten Nacht.
Die Armen, die haben gefroren,
Den Reichen war's warm gemacht.

Sein Vater ist Schreiner gewesen,
Die Mutter war eine Magd.
Sie haben kein Geld nicht besessen,
Sie haben sich wohl geplagt.

Kein Wirt hat ins Haus sie genommen;
Sie waren von Herzen froh,
Dass sie noch in' Stall sind gekommen.
Sie legten das Kind auf Stroh.

Die Engel, die haben gesungen,
Dass wohl ein Wunder geschehn.
Da kamen die Hirten gesprungen
Und haben es angesehn.

Die Hirten, die will es erbarmen,
Wie elend das Kindlein sei.
Es ist ein G'schicht' für die Armen,
Kein Reicher war nicht dabei.

Ludwig Thoma

Weihnachtsbräuche

In den ersten Tagen des Monats Dezember, manchmal sogar schon im November, duftet es lecker in der Küche nach Zimt, Anis und anderen Gewürzen. Mutter bäckt die Weihnachtsplätzchen. Die Kinder freuen sich, wenn sie beim Teigausrollen, Ausstechen und Verzieren helfen dürfen. Und wenn die ersten Plätzchen gebacken sind, duftet es im ganzen Haus, dass allen das Wasser im Munde zusammenläuft. Nach dem Abkühlen darf jeder etwas probieren. Die restlichen Plätzchen werden in großen Blechdosen aufbewahrt und an den Adventssonntagen und an Weihnachten verspeist. Auch in den Geschäften werden schon lange vor dem Fest Lebkuchen und andere Leckereien verkauft. Eine Legende erzählt uns, wie es dazu kam, dass wir noch heute zum Christfest feine Plätzchen, Kuchen und Torten backen.

Auf den Hirtenfeldern von Betlehem hatten die Engel verkündet, dass der Erlöser geboren worden war. Die Hirten brachen eilig auf, um in der Heiligen Nacht so schnell wie möglich nach Betlehem zu gehen. Sie wollten unbedingt dieses Wunder sehen, von dem der Engel gesprochen hatte. Dabei vergaßen sie alles andere! Unterwegs fiel ihnen ein, dass sie Brote zum Backen in den Backofen geschoben hatten!

Was nun? Niemand wollte zurückgehen, um die Brote vor dem Verbrennen zu retten. Alle waren gespannt darauf, das Kind in der Krippe, das Wunder Gottes, zu sehen und zu verehren.

Als sie am nächsten Morgen den Rückweg antraten, waren sie voller Freude über das, was sie im Stall und in der Krippe gesehen und erlebt hatten. Die verbrannten Brote kümmerten sie überhaupt nicht mehr.

Als sie zum Backofen kamen, zogen sie die Brote heraus. Sie brachen die Brote auseinander und kosteten, ob man noch etwas davon essen könne. Sie waren sehr verwundert, denn das Brot war süß und lecker! So köstliches Brot hatten die armen Hirten in ihrem ganzen Leben noch nie gegessen.

Seit dem 11. Jahrhundert singen die Christen auch Weihnachtslieder. Es sind auch oft Hirten- oder Wiegenlieder. Die meisten Lieder, die wir auch heute noch gern singen oder hören, stammen aber aus dem 16. und 19. Jahrhundert. Oft haben die Dichter ältere Melodien verwendet und neue Weihnachtstexte dazu gemacht.

Ihr kennt bestimmt alle das Weihnachtslied »Stille Nacht, Heilige Nacht ...«. Wisst ihr auch, wie dieses Lied entstanden ist?

Im Salzburger Land lebte vom 25. 11. 1787 bis 7. 6. 1863 Franz Xaver Gruber.

Er war der Sohn eines Leinenwebers. Als Junge wollte er Orgel spielen lernen. Aber sein Vater erlaubte es ihm nicht, denn er meinte, Musikunterricht sei Zeitverschwendung. Da bastelte Franz sich aus Holzstäben die Orgeltasten selbst und übte stumm heimlich in der Nacht.

Als er zwölf Jahre alt war, kam die Gelegenheit zu beweisen, was er auf diese Art und Weise sich selbst beigebracht hatte.

Der Organist in seinem Heimatort wurde plötzlich krank. Die Erwachsenen berieten noch mit dem Pfarrer, wer die Orgel spielen könne, da lief Franz auch schon zur Orgel und begann mit dem Vorspiel für den Gottesdienst. Alle waren über sein Können erstaunt! Er wurde zwar kein Weltstar, sondern Lehrer und Organist, aber dennoch mit einem Weihnachtslied weltberühmt.

Er dichtete und komponierte zusammen mit dem Hilfspriester Josef Mohr ein Lied, das bis auf den heutigen Tag in aller Welt zum Weihnachtsfest gesungen wird und in viele Sprachen übersetzt wurde: »Stille Nacht, Heilige Nacht ...«. Am 24. Dezember 1818 wurde es in Oberndorf »uraufgeführt«. Eigentlich war es nur zur Hausmusik gedacht.

Zufällig hörte der Orgelbauer Mauracher aus dem Zillertal das Lied. Er war begeistert und machte das Lied bekannt.

Vier musikalische Geschwister aus dem Zillertal reisten durch die Lande und traten überall mit Tiroler Liedern auf. Im Dezember 1831 erreichten sie Leipzig und sangen auch »Stille Nacht, Heilige Nacht ...« vor den Leuten auf den Plätzen der Stadt.

Die Leipziger waren begeistert. Von da aus trat das Lied einen Siegeszug durch ganz Deutschland und später durch die ganze Welt an.

Stille Nacht, heilige Nacht!
Alles schläft, einsam wacht
nur das traute, hochheilige Paar.
Holder Knabe im lockigen Haar,
schlaf in himmlischer Ruh,
schlaf in himmlischer Ruh.

Stille Nacht, heilige Nacht!
Hirten erst kundgemacht,
durch der Engel Halleluja
tönt es laut von fern und nah;
Christ, der Retter, ist da!

Stille Nacht, heilige Nacht!
Gottes Sohn, o wie lacht
Lieb aus deinem göttlichen Mund,
da uns schlägt die rettende Stund,
Christ, in deiner Geburt.

Joseph Mohr (1792 - 1848)

Wisst ihr, dass es den Weihnachtsbaum, der heute an keinem Christfest fehlen darf, noch gar nicht so lange gibt?
Erst im späten 18. Jahrhundert fing man an, geschmückte Nadelbäume mit Kerzen aufzustellen.
Noch früher gab es andere Lichterbräuche. Oder man schmückte wie im Elsass seit dem 15. und 16. Jahrhundert das Zimmer mit grünen Zweigen.

In vielen Familien und Kirchen werden Weihnachtskrippen aufgebaut. Dazu gehören ein Stall und die Figuren, die die Geschichte von

Jesu Geburt darstellen. Wir finden dabei Maria und Josef mit dem Kind in der Krippe. Ochse und Esel, die Hirten mit ihren Schafen und die Heiligen Drei Könige mit ihren Geschenken dürfen nicht fehlen.

Über der ganzen Szene leuchtet meistens noch der Stern von Betlehem.

Die Krippenfiguren werden aus vielen verschiedenen Materialien hergestellt, zum Beispiel aus Holz, Porzellan oder Wachs. Besonders viel Freude macht es, den Stall oder auch alle Figuren selbst zu basteln. Dieser Brauch geht darauf zurück, dass man im 10. und 11. Jahrhundert Krippenspiele aufführte, und Franz von Assisi veranstaltete seit 1223 Krippenfeiern. Er erfand auch die Krippe, den Stall und die Figuren.

Schöne Krippen fertigen die Künstler noch heute in Bayern, Tirol, Schwaben und Neapel (Italien) an. In vielen Museen gibt es Sammlungen alter oder besonders kunstvoller Krippen. Im Land Israel, wo Jesus geboren wurde, werden in vielen Orten Weihnachtskrippen, die aus Olivenholz handgeschnitzt sind, angeboten.

Quiz zu Weihnachten (Lukas 2, 1-20)

Nenne die richtige Antwort a, b oder c

1 In welchem Monat ist Weihnachten?

❑ a) im November
❑ b) im Dezember
❑ c) im Januar

2 Wann feiern wir Jesu Geburt?

❑ a) am 25. Dezember
❑ b) am 27. Dezember
❑ c) am 29. Dezember

3 Wie hießen die Eltern von Jesus?

❑ a) Eunike und Johannes
❑ b) Eva und Adam
❑ c) Maria und Josef

4 In welchem Ort wurde Jesus geboren?

❑ a) in Betlehem
❑ b) in Nazaret
❑ c) in Jerusalem

5 Wo wurde Jesus geboren?

☐ a) im Hotel
☐ b) im Krankenhaus
☐ c) im Stall

6 Welche Tiere waren bei der Geburt Jesu dabei?

☐ a) Ochse und Esel
☐ b) Kamel und Schaf
☐ c) Schlange und Skorpion

7 Wem wurde zuerst die Geburt bekannt gemacht?

☐ a) dem Herbergswirt
☐ b) den Hirten
☐ c) König Herodes

8 An welchem Zeichen sollte man das richtige Kind erkennen?

☐ a) Krone und Zepter
☐ b) kostbare Tücher
☐ c) Krippe und Windeln

Weihnachtsrätsel

Sechs Wörter sind zu suchen. An der Spitze steht ein Wort mit einem Buchstaben. Von Stufe zu Stufe werden die Wörter immer einen Buchstaben länger. Die Anfangsbuchstaben der gefundenen Wörter ergeben, von oben nach unten gelesen, den Namen eines Weihnachtsgebäcks.

1 Autokennzeichen für Stuttgart;
2 Autokennzeichen für Trier;
3 ein anderer Name für Großmutter;
4 Klebemittel;
5 Vater der Lea und Rahel; auch der Schwiegervater von Jakob
6 ein Rabenvogel.

Lösungswort: ☐ ☐ ☐ ☐ ☐ ☐

Puzzle-Rätsel

Hier musst du die Puzzle-Buchstaben richtig zusammensetzen. Gesucht wird ein Gegenstand, womit du Nüsse öffnen kannst.

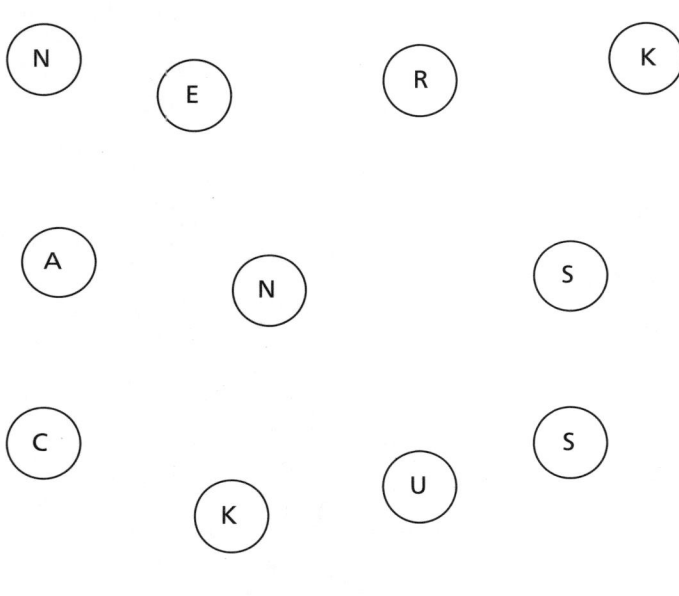

Lösungswort: ☐☐☐☐☐☐☐☐☐☐☐

Wer war bei der Geburt Jesu alles dabei?
(Lukas 1-2; Matthäus 1-2)

Ordne die Beschreibungen den passenden Personen zu und setze den richtigen Buchstaben vor die jeweilige Beschreibung.

Person		Beschreibung	
A	die Hirten	1	Wie hieß die Mutter von Jesus? (Lukas 2,5)
B	Herodes	2	Wie hieß der Vater von Jesus? (Lukas 1,27)
C	Kaiser Augustus	3	Wer sagte Maria, dass Jesus geboren werden sollte? (Lukas 1,26+27)
D	die Sterndeuter	4	Wer verordnete, dass alle Bewohner des römischen Reiches in Steuerlisten erfasst werden sollten? (Lukas 2,1-7)
E	Josef	5	Wer verkündete den Hirten, dass Jesus geboren würde? (Lukas 2,9-12)
F	Maria	6	Wer pries Gott? (Lukas 2,13+14)
G	nach Ägypten	7	Welche Leute machten sich sofort auf den Weg, um Jesus unbedingt zu sehen? (Lukas 2,8)
H	Juda	8	Welche Leute sahen einen Stern und kamen aus dem Osten, um Jesus anzubeten? (Matthäus 2,1-11)

I	Gott	9	Wie hieß der König, der das Jesuskind töten lassen wollte? (Matthäus 2, 13)
J	der Engel Gabriel	10	Worin wurde Jesus nach seiner Geburt gelegt? (Lukas 2, 7)
K	in eine Futterkrippe	11	An welchem Ort wurde Jesus geboren? (Lukas 2, 6)
L	ein Engel	12	Josef hatte einen Traum, worin ein Engel erschien und ihm sagte: »Steh auf, nimm das Kind und seine Mutter und flieh nach …!« (Matthäus 2, 13)
M	die Heerscharen der Engel	13	Zu welchem Land gehört Betlehem? (Matthäus 2, 1-6)
N	Betlehem	14	Wen heiratete Maria? (Matthäus 1, 24)

Lösungen:

1 _____ 2 _____ 3 _____

4 _____ 5 _____ 6 _____

7 _____ 8 _____ 9 _____

10 _____ 11 _____ 12 _____

13 _____ 14 _____

Malen nach Zahlen

Kannst du in diesem Wirrwarr etwas erkennen? Hier ist die Weihnachtskrippe versteckt! Male die Felder in den angegebenen Farben aus.

1 braun — 2 schwarz — 3 dunkelgelb oder orange — 4 beige oder rosa — 5 hellblau — 6 dunkelgrün — 7 hellgrün — 8 dunkelblau — 9 hellgelb.

Weihnachtslieder singen (Spiel)

Mitspieler: sechs und mehr

Im Zimmer werden Stühle aufgestellt, ein Stuhl weniger als Mitspieler. Die Lehne und der Sitz werden abwechselnd in entgegengesetzter Richtung gestellt.
Die Kinder gehen, die Hände auf dem Rücken, um die Stuhlreihen herum und singen: »O du fröhliche ...«.
Der Spielleiter hebt plötzlich den Arm und ruft: »Stopp!«. Blitzschnell muss sich jedes Kind auf einen Stuhl setzen.
Tobias war zu langsam. Alle Stühle sind schon besetzt. Nun muss Tobias ausscheiden. Ein Stuhl wird beiseite geschoben.
Die Zahl der Kinder wird von Weihnachtslied zu Weihnachtslied immer kleiner, bis schließlich nur noch zwei Kinder um den letzten Stuhl gehen. Wem es gelingt, sich als Erster auf den letzten Stuhl zu setzen, hat gewonnen.
Jedes der ausscheidenden Kinder muss ein Pfand abgeben. Der Gewinner bekommt einen Schokoladen-Weihnachtsmann.

Einige Weihnachtslieder:

»Vom Himmel hoch, da komm ich her« — »Es ist ein Ros entsprungen« — »Zu Betlehem geboren ist uns ein Kindelein« — »Fröhlich soll mein Herze springen« — »Ich steh an deiner Krippe hier« — »Ihr Kinderlein kommet« — »O du fröhliche« — »Stille Nacht, heilige Nacht« — »O Tannenbaum« — »Kling, Glöckchen« — »Süßer die Glocken nie klingen« — »Mit den Hirten will ich gehen« — »Zumba, Zumba, welch ein Singen« — »Am Weihnachtsbaum die Lichter brennen« — »Morgen, Kinder, wird's was geben« — »Leise rieselt der Schnee« — »Freu dich, Erd und Sternenzelt« — »Fröhliche Weihnacht überall« — »Kommet, ihr Hirten«.

Weihnachtsgegenstände fühlen und erraten (Spiel)

Mitspieler: beliebig viele

Alle Kinder werden aus dem Zimmer geschickt. Auf dem Tisch stehen folgende Gegenstände:

Schokoladenweihnachtsmann; Nussknacker; Tannenzweige; Kerze; verschiedene Nussarten; Räuchermännchen; ein Buch; Stoffband; selbst gebastelter Stern; Lebkuchenstern; Plätzchen; Apfelsine; Banane; Weihnachtskugel; Krippenfiguren usw.

Jetzt werden die Kinder einzeln mit verbundenen Augen in das Zimmer gerufen. Dort müssen sie die einzelnen Gegenstände abtasten und sagen, was sich alles auf dem Tisch befindet.
Wer die meisten Gegenstände erraten hat, der hat gewonnen und kann sich einen Gegenstand auf dem Tisch aussuchen. Alle anderen Kinder bekommen einen Trostpreis.

Weihnachtsgegenstände raten (Spiel)

Mitspieler: drei und mehr

Silke muss vor die Tür und die anderen denken sich einen Begriff aus, der mit Weihnachten zu tun hat.
Danach wird Silke in das Zimmer gerufen. Sie stellt nun Fragen an alle Kinder. Die Fragen dürfen nur mit »Ja« oder »Nein« beantwortet werden.
Der ausgemachte Begriff ist zum Beispiel »der Weihnachtsmann«.

Silke:	Kann man es essen?
Marcel:	Nein.
Silke:	Kann man es anzünden?
Nancy:	Nein.
Silke:	Hat es einen langen weißen Bart?

Thorsten:	Ja.
Silke:	Ist es der Weihnachtsmann?
Thorsten:	Ja.

Silke hat dieses Mal richtig geraten. Sollten eines oder mehrere der Kinder die Weihnachtsgegenstände nicht erraten, bekommt es einen Minuspunkt oder man muss ein Pfand geben.

Sieger ist, wer zum Schluss die wenigsten Minuspunkte hat.

Eine Weihnachtslügengeschichte (Spiel)

Mitspieler: beliebig viele

Der Spielleiter erzählt die Weihnachtsgeschichte. Doch in dieser befinden sich *13 Fehler*, die die Kinder herausfinden sollen. Wenn ein Kind meint, einen Fehler entdeckt zu haben, muss es laut: *»Da lügst du!«*, rufen und das richtige Wort nennen. Wer am meisten Fehler gefunden hat, der hat gewonnen und bekommt einen Preis. Alle anderen Kinder bekommen einen Trostpreis.

Die Weihnachtsgeschichte kannst du in Lukas 2, 1 - 20 nachlesen.

Der Spielleiter sitzt mitten in der Spielrunde, damit alle seine Weihnachtsgeschichte gut verstehen können. Er beginnt:

»Kurz bevor Jesus geboren werden sollte, erließ Kaiser *Nero* den Befehl, dass alle Bewohner in *Geburtslisten* einzutragen seien. Auch Josef und *Marta* zogen von der Stadt *Kapernaum* in Galiläa nach *Jerusalem* und ließen sich eintragen, um ihre Steuern zahlen zu können. Maria war schwanger und erwartete ihr *zweites* Baby. Als es so weit war, dass *Thomas* geboren werden sollte, wies man sie im *Hotel* ab, weil für sie kein Platz vorhanden war. Schließlich wurde Jesus in *einer Pension* geboren. Maria wickelte Jesus in *ein Handtuch* und legte ihn in die Krippe.

Dass Jesus geboren werden sollte, war für die *Kinder* eine große Freude. All die Engel verkündeten einigen *Handwerkern* von der Geburt Jesu. Daraufhin eilten die Hirten nach *Nazaret*, um das Jesuskind anzubeten.

Wir basteln eine Weihnachtslaterne

Material: *ein Bogen schwarzer Fotokarton; Transparentpapier in verschiedenen Farben; Klebstoff; ein Teelicht; ein Cutter oder eine kleine Schere; Bleistift und Lineal.*

Auf den schwarzen Karton zeichnen wir die Grundform der Laterne auf *(siehe Zeichnung 1)*, dabei dürfen wir an den Kanten die Klebestreifen nicht vergessen. Jetzt schneiden wir die Grundform aus und zeichnen auf die vier Seitenwände kleine Motive, zum Beispiel: eine brennende Kerze, einen Stern oder andere Weihnachtsmotive *(siehe Zeichnung 2)*.

Nun schneiden wir mit dem Cutter oder einer kleinen Schere die Motive aus. Wir schneiden uns aus dem Transparentpapier Stücke zurecht, die etwas größer sein müssen als das Motiv und kleben sie später auf der Innenseite über das Motiv. Anschließend knicken wir die Klebestreifen und die Kanten der Laterne sorgfältig um.

Den Boden verstärken wir durch Einlegen einer passenden Pappe. Anschließend kleben wir das Teelicht auf die Pappe. Nun wird die Laterne an den Klebestreifen zusammengeklebt. Wenn wir das Teelicht anzünden, leuchten die Motive in bunten Farben. Unsere Laterne kann ans Fenster gestellt werden *(Vorsicht, bei Gardinen Brandgefahr!)* oder den Tisch schmücken.

1

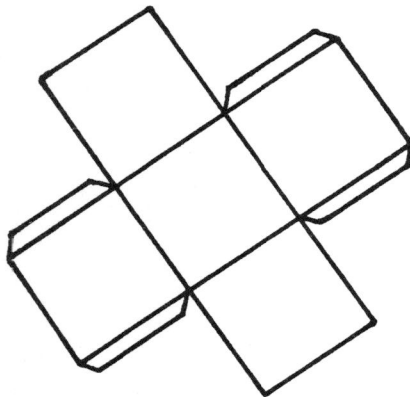

Weihnachtsbaumschmuck:

Wir basteln einen Eiszapfen

Material:

farbige Folie;
Gold- oder Silberfolie;
eine Schere;
Lineal und Bleistift;
Klebstoff;
Nadel und Faden.

Auf der Folie zeichnen wir zwei etwa 1 cm breite Streifen auf. Die Länge kann etwa 25 cm betragen. Je länger man die Folienstreifen vorbereitet, desto länger wird der Eiszapfen. Wir schneiden nun die Folienstreifen so aus, dass sie nach den Enden hin langsam abgeschrägt werden *(siehe Zeichnung 1)*.

Beide Streifenanfänge legen wir im rechten Winkel aufeinander *(siehe Zeichnung 2)* und knicken nun Streifen 1 über Streifen 2 usw. immer im Wechsel *(siehe Zeichnung 3)*.

Dabei entsteht eine »Treppe«, die nach unten immer enger wird *(siehe Zeichnung 4)*. Die Enden oben und unten werden verklebt, oben wird mit der Nadel ein Faden durchgezogen, der als Aufhänger dient, dann wird die »Treppe« vorsichtig auseinandergezogen und der Eiszapfen ist fertig!

Man kann gleich mehrere Eiszapfen basteln und den Weihnachtsbaum damit schmücken.

1

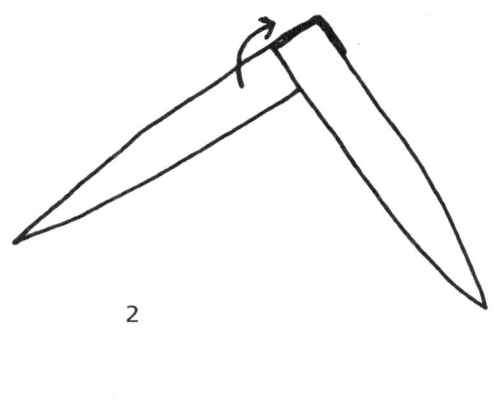

2

3

4

Weihnachtlichen Tischschmuck basteln

Mit dieser einfachen Bastelarbeit könnt ihr schönen Tischschmuck für Weihnachten oder die Adventszeit anfertigen.

Material:

grünen Tonkarton;
Teelichter;
Bleistift,
Schere.

Zuerst müsst ihr die Vorlagen abzeichnen, kopieren oder vergrößern. Die ausgeschnittenen Vorlagen legt man auf den grünen Tonkarton auf, zeichnet die Umrisse mit Bleistift nach und schneidet die Tannenbäume aus. Wie auf der Vorlage eingezeichnet, setzt ihr die Teelichter auf den Baum und zeichnet mit Bleistift darum herum. In der Mitte dieses Kreises wird ein kleiner Kreis eingezeichnet.
Diesen kleinen Kreis schneidet ihr mit einer spitzen Schere aus. Von dem Loch in der Mitte aus schneidet man vorsichtig schmale Streifen ein. Nun den Baum umdrehen und die Streifen nach unten drücken. In die so entstandenen Öffnungen drückt ihr nun vorsichtig die Teelichter hinein.
Nun könnt ihr den Kaffeetisch damit schmücken und die Kerzen anzünden.

Höhe: 15 cm

Höhe: 8,6 cm

Epiphanias

Die Sterndeuter (nach Matthäus 2, 1 - 12)

Als Jesus geboren wurde, sahen die Sterndeuter im Osten einen Stern. Diesen Stern hatte Gott geschaffen, um den Menschen die Geburt Jesu zu verkünden. Die Sterndeuter wollten nun auch das neugeborene Kind sehen, das ein König sein sollte. Von Jerusalem reisten sie dem hell leuchtenden Stern nach, bis sie endlich nach Betlehem kamen. Sie begrüßten Maria und Josef, überreichten zahlreiche Geschenke und beteten Jesus an.

Umzug der Sternsinger

Wir wollen heute singen Gott Lob und Dank,
hier kommen die Weisen aus Morgenland!
Aus Morgenland, aus Sonnenland,
da, wo die Sonn' am höchsten stand.

Wir haben's gehört, es ist uns neu,
dass uns ein Kind geboren sei,
ein kleines Kind, ein großer Gott,
der Himmel und Erde erschaffen hat.

Wir gingen wohl über den Berg herfür
und kamen wohl vor des Herodes Tür.
Herodes in dem Fenster lag,
als er die Weisen kommen sah.

Herodes fragte mit Schimpf und Spott:
Ach Gott, wo ist das dritte Wort?
Das dritte Wort ist ungenannt,
hier kommen drei Weisen aus dem Morgenland.

Wir gingen nach Betlehem auf den Höhn,
da blieb der Stern wohl stille stehn,
wohl stille stehn, wohl stille stehn,
da blieb der Stern wohl stille stehn.

Da gingen wir in das Haus hinein
und fanden Maria und das Kindelein.
Da taten wir unsere Schätze auf
und schenkten dem Kinde Gold, Weihrauch.

Worte und Weise: Aus dem Rheinland

Die Sterndeuter kommen zur Krippe

(Bild zum Ausmalen)

Entstehung von Epiphanias

In den christlichen Kirchen wird seit dem 4. Jahrhundert am 6. Januar das Fest der »Erscheinung des Herrn« gefeiert.
Ursprünglich fand an diesem Tag das Fest der Geburt Christi in den Kirchen im Osten statt. Später wurde am 6. Januar das Fest zur Erinnerung an die Taufe Jesu im Jordan gefeiert.
Oder die Christen erinnerten sich an das Wunder von Kana, als Jesus bei einer Hochzeitsfeier Wasser in Wein verwandelte.
Auch die Anbetung der Weisen aus dem Morgenland feierte man am 6. Januar. Daher nennen wir den Tag meistens das Fest der Heiligen Drei Könige.
Die Bibel berichtet in Matthäus 2, 1-12 von Weisen oder Sterndeutern, die vom Stern geführt aus dem Osten kamen, um den neugeborenen König der Juden zu ehren und ihn anzubeten. Sie kamen nach Betlehem und schenkten dem Jesuskind Gold, Weihrauch und Myrrhe. Weihrauch ist ein duftendes Harz und Myrrhe eine Pflanze, aus der man ein Räuchermittel und Balsam gewinnt.
In der Legende werden die Weisen auch die Könige Caspar, Melchior und Balthasar genannt.

Drei Kön'ge wandern aus Morgenland

Drei Kön'ge wandern aus Morgenland;
ein Sternlein führt sie zum Jordanstrand.
In Juda fragen und forschen die drei,
wo der neugeborene König sei?
Sie wollen Weihrauch, Myrrhen und Gold
dem Kind spenden zum Opfersold.

Und hell erglänzet des Sternes Schein,
zum Stalle gehen die Kön'ge ein;
das Knäblein schauen sie wonniglich,
anbetend neigen die Kön'ge sich;
sie bringen Weihrauch, Myrrhen und Gold
zum Opfer dar dem Knäblein hold.

O Menschenkind! Halte treulich Schritt!
Die Kön'ge wandern, o wandre mit!
Der Stern der Liebe, der Gnade Stern,
erhelle dein Ziel, so du suchst den Herrn,
und fehlen Weihrauch, Myrrhen und Gold
schenke dein Herz dem Knäblein hold!
Schenk ihm dein Herz!

Peter Cornelius (1824 - 1874)

Bräuche an Epiphanias

Im Mittelalter kam der Brauch auf, dass Kinder sich als drei Könige verkleiden, von Haus zu Haus ziehen und dabei singen. Man nennt sie Sternsinger. Heutzutage sammeln sie dabei für einen guten Zweck, zum Beispiel für Straßenkinder in Südamerika.
In katholischen Gegenden werden dabei die Häuser geweiht. Mit Kreide schreiben die Sternsinger C + M + B und die Jahreszahl über die Haustüren. Die Buchstaben können die Anfangsbuchstaben der Königsnamen bedeuten (C = Caspar; M = Melchior; B = Balthasar) oder den lateinischen Spruch »Christus mansionem benedicat« abkürzen. Das heißt: »Christus segne das Haus.«
Seit dem 11. Jahrhundert werden Dreikönigsspiele veranstaltet. Dabei stellen Kinder und Erwachsene dar, wie die Heiligen Drei Könige zur Krippe kommen.

Quiz zu Epiphanias (Matthäus 2, 1-12)

Nenne die richtige Antwort a, b oder c

1 Wie nennen sich die drei Männer, die unbedingt das neugeborene Jesuskind in Betlehem sehen wollten?

❏ a) die drei Jünger
❏ b) die drei Brüder
❏ c) die Sterndeuter

2 Woher kamen die drei Männer, die Jesus sehen wollten?

❏ a) aus dem Morgenland
❏ b) aus dem Abendland
❏ c) aus dem Mittagsland

70

3 Was heißt Epiphanias?

☐ a) »Erscheinung des Herrn«
☐ b) »Erscheinung der drei Weisen«
☐ c) »Erscheinung der Menschen«

4 Wie nennt man Epiphanias noch?

☐ a) Heilige Drei Weisen
☐ b) Heilige Drei Könige
☐ c) Heilige Drei Prinzen

5 In welchem Monat feiert man Epiphanias?

☐ a) im November
☐ b) im Dezember
☐ c) im Januar

6 An welchem Tag feiert man Epiphanias jedes Jahr?

☐ a) am 6. Januar
☐ b) am 16. Januar
☐ c) am 26. Januar

7 Seit welchem Jahrhundert feiert man Epiphanias?

☐ a) seit dem 3. Jahrhundert
☐ b) seit dem 4. Jahrhundert
☐ c) seit dem 5. Jahrhundert

8 Was bedeuten die Zeichen *C* + *M* + *B*, die am Epiphaniastag mit Kreide über Türen und Tore geschrieben werden?

☐ a) Priester segne das Haus
☐ b) König segne das Haus
☐ c) Christus segne das Haus

Schlangenrätsel

In die Halbkreise der Figur musst du vier Wörter eintragen. Bei richtiger Lösung von 1 bis 8 ergibt sich ein Gebets- und Freudenruf.

1 bis 3: das Gegenteil von kalt

2 bis 4: eine Kurzhalsgiraffe

5 bis 7: Bezeichnung für ein Blutgefäß (Mehrzahl)

6 bis 8: italienische Stadt

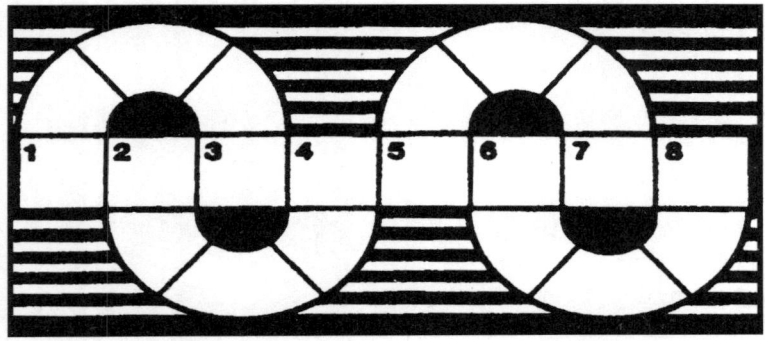

Buchstabenrätsel

Wenn du die *ungeraden* Zahlen hintereinander liest, ergibt sich eine Frage, die die Sterndeuter in Jerusalem stellten (Matthäus 2, 2).

B 2	W 1	D 4	O 3	F 5	H 6	I 7	S 8
N 1	D 3	T 2	E 5	V 4	N 7	D 6	W 9
Z 2	I 3	R 5	C 4	G 6	I 8	D 7	I 10
A 1	S 3	J 2	L 4	K 6	N 5	P 8	E 7
U 1	X 2	G 3	E 5	N 4	P 6	B 7	O 9
H 2	R 1	K 4	S 6	E 3	N 5	E 7	Z 8
B 2	Y 4	K 1	B 6	F 8	I 10	L 12	I 3
R 2	N 1	W 4	D 6	E 8	D 3	L 10	I 12

Lösung:

□□ □□□□□□ □□□ □□□

□□□□□□□□□□ □□□□

Wir basteln einen Stern

Material:

Transparentpapier (1 Bogen),
Lineal,
Bleistift,
Schere und Klebstoff.

Anleitung:

Falte einen Bogen Transparentpapier so, dass 16 Rechtecke entstehen, und schneide sie sorgfältig aus *(siehe Zeichnung 1).*

Falte nun jedes Rechteck, wie die Zeichnungen es anzeigen: einmal längs, einmal quer *(siehe Zeichnung 2)* und öffne es wieder.

Nun knicke jede der 4 Ecken zur Mittellinie hin *(siehe Zeichnung 3).*

Falte jetzt noch einmal jede Ecke zur Mitte hin, so dass ein Rhombus entsteht *(siehe Zeichnung 4).*

Das Gleiche machst du anschließend mit allen anderen Rechtecken. Zum Schluss musst du alle gefalteten Teile sorgfältig übereinanderkleben *(siehe Zeichnung 5).*

Wenn der Klebstoff getrocknet ist, kannst du dein Fenster mit dem Stern schmücken.

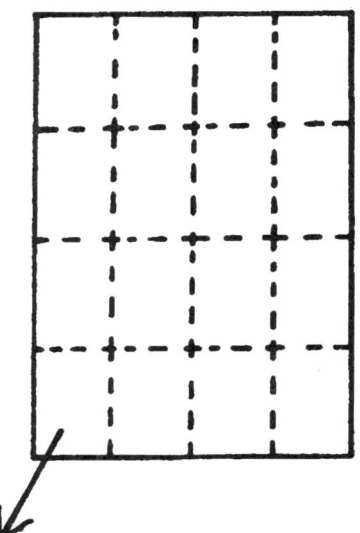

1.

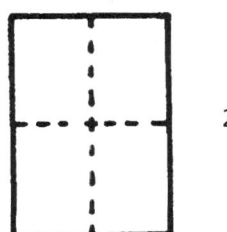

2.

3.

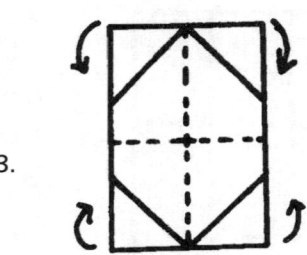 ⇒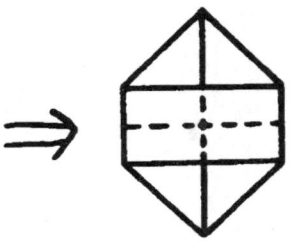

4.

 ⇒

5.

usw.

76

Palmsonntag

Jesu Einzug in Jerusalem (nach Matthäus 21, 1-11)

Als Jesus und seine Jünger nach Betfage am Ölberg kamen, schickte Jesus zwei Jünger in das Dorf. Er sprach zu ihnen: »Geht in das Dorf, das vor euch liegt, dort werdet ihr eine Eselin angebunden finden und ein Füllen. Bindet sie los und bringt sie zu mir! Und wenn jemand etwas sagen wird, dann sprecht: Jesus braucht sie. Dann wird man sie euch geben.«

Die Jünger gingen in das Dorf und taten, was ihnen Jesus befohlen hatte. Sie brachten die Eselin und das Füllen zu Jesus und legten Kleider auf die Tiere. Jesus setzte sich auf eines der Tiere.

Als sehr viele Menschen Jesus auf dem Esel reiten sahen, legten sie ihre Kleider auf den Weg. Andere Menschen streuten Zweige von den Bäumen vor Jesus auf die Straße.

Die Leute, die vor ihm hergingen, schrien: »Hosianna *(das ist ein Freudenruf)* dem Sohn Davids! Gelobt sei, der da kommt in dem Namen des Herrn! Hosianna in der Höhe!«

Und als Jesus nach Jerusalem kam, fragten die Leute ganz aufgeregt: »Wer ist der?« Andere Menschen antworteten: »Das ist Jesus, der Prophet aus Nazaret in Galiläa.«

Jesus zieht in Jerusalem ein (Bild zum Ausmalen)

Entstehung von Palmsonntag

Der Palmsonntag ist der erste Tag der Karwoche, also der Zeit, in der Jesus leiden und sterben musste.

Dieser Sonntag hat seinen Namen nach dem Einzug Jesu in Jerusalem bekommen, als die Menschen Palmzweige abrissen und auf den Weg legten, den Jesus auf einem Esel geritten kam. Das kannst du in Matthäus 21, 8 nachlesen.

Auf Lateinisch heißt der Palmsonntag »Palmarum«.

Quiz zum Palmsonntag (Matthäus 21,1-11)

Nenne die richtige Antwort a, b oder c

1 An welchem Sonntag wird Palmsonntag gefeiert?

❏ a) vierzehn Tage vor Ostern
❏ b) einen Sonntag vor Ostern
❏ c) Sonntag nach Ostern

2 Welche Tiere sollten die Jünger für Jesus aus dem Dorf holen?

❏ a) ein Kamel und ein Lama
❏ b) ein Schaf und eine Ziege
❏ c) eine Eselin und ein Füllen

3 In welche Stadt ritt Jesus am Palmsonntag?

❏ a) nach Jerusalem
❏ b) nach Betlehem
❏ c) nach Nazaret

4 Welche Gegenstände legten die Jünger auf die mitgebrachten Tiere?

❏ a) Zweige
❏ b) Blätter
❏ c) Kleider

5 Was streuten die Leute auf den Weg, den Jesus ritt?

☐ a) Blätter von den Bäumen
☐ b) Zweige von den Bäumen
☐ c) Blumen

6 Was riefen die Leute, als Jesus vorbeikam?

☐ a) Hosianna!
☐ b) Halleluja!
☐ c) Schalom!

Biblisches Silbenrätsel

Du musst die Silben so zusammensetzen, dass sich die Wörter 1 bis 11 ergeben. Die Anfangsbuchstaben der gefundenen Wörter ergeben, von oben nach unten gelesen, die Bezeichnung für den Sonntag vor Ostern.

a – ab – ah – bat – dam – go – gol – ham – lu – lus – mo – na – no – om – pau – ra – ret – ri – sab – se – ta – ther – ti – tus – za

1 ein sehr bekannter Apostel   _____

2 Vater von Kain und Abel   _____

3 deutscher Reformator   _____

4 Bruder von Aaron und Mirjam   _____

5 ein jüdischer Ruhe- und Feiertag   _____

6 ein König von Israel   _____

7 er baute die Arche   _____

8 Heimat Jesu in Galiläa   _____

9 ein bekannter Mitarbeiter
   des Apostels Paulus   _____

10 Vater von Isaak und Mann
   der Sara   _____

11 der Kreuzigungsort von Jesus   _____

Lösungswort: ☐ ☐ ☐ ☐ ☐ ☐ ☐ ☐ ☐ ☐ ☐

Kästchen-Zahlenrätsel

Rate zuerst die Wörter von 1 bis 9 und trage sie ein. Die Anfangsbuchstaben der gefundenen Wörter ergeben, von oben nach unten
gelesen, die Jahreszeit, in der wir den Palmsonntag begehen.
In dem ersten Kastenblock sind schon alle gelösten Wörter eingetragen. Allerdings keine Buchstaben, es befinden sich dort Zahlen.
Jede Zahl ist ein bestimmter Buchstabe. Welcher es jeweils ist, wirst
du schnell herausfinden.
In dem zweiten Kastenblock musst du dann selbst die Lösungen
hineinschreiben (ü = ue).

1 so nennt man die Zeit, wenn du nicht in die Schule
   zu gehen brauchst;
2 ein Mädchenname;
3 wenn jemand mit dem Auto oder Fahrrad verunglückt;
4 ein bekannter biblischer Ort bei Jerusalem;
   hier erschien der auferstandene Jesus seinen Jüngern;
5 eine Bienenart;
6 mit diesem Gerät kannst du gerade Linien ziehen;
7 ein Mädchenname;
8 ein anderes Wort für Kennziffer;
9 hier wächst das Gemüse, Blumen und vieles mehr.

Lösungswort: ☐ ☐ ☐ ☐ ☐ ☐ ☐ ☐

1	12	2	5	6	2	1
2	5	2	24	6	1	4
3	14	1	12	4	11	11
4	2	25	25	4	14	8
5	17	14	25	25	2	11
6	11	6	1	2	4	11
7	6	1	24	5	6	26
8	1	14	25	25	2	5
9	24	4	5	16	2	1

1						
2						
3						
4						
5						
6						
7						
8						
9						

Kopf-Fuß-Rätsel

Die folgenden Wörter sind unvollständig, ihnen fehlt Kopf und Fuß.
Ergänzt man die fehlenden Buchstaben und liest dann die Anfangs-
buchstaben von oben nach unten, erhält man ein Buch des Neuen
Testamentes.

1	☐ A R O ☐	Bruder von Mose und Mirjam
2	☐ F E R ☐	ein Reittier
3	☐ S K A ☐	ein Jungenname
4	☐ I L A ☐	er saß mit Paulus in Philippi im Gefängnis (Apostelgeschichte 16, 16 - 32)
5	☐ I T U ☐	ein Mitarbeiter des Apostels Paulus
6	☐ I M E ☐	in diesem Gefäß kann man zum Beispiel Wasser holen
7	☐ I P P ☐	dieser menschliche Körperteil befindet sich am Mund
8	☐ L E I ☐	ein Schienenstrang wird so genannt
9	☐ R K E ☐	ein Hausvorbau
10	☐ C H A ☐	das legst du dir um den Hals, wenn es besonders kalt ist, oder wenn du Halsschmerzen hast
11	☐ R E M ☐	eine Hautsalbe, die du dir zum Beispiel auf die Hände schmierst, wenn du raue Hände hast
12	☐ E U T ☐	nicht gestern oder morgen, sondern ...
13	☐ N D E ☐	ein Mensch, der in einem asiatischen Land lebt
14	☐ H I N ☐	ein asiatisches Land, in dem die meisten Menschen leben
15	☐ O L L ☐	wenn diese Frau die Betten schüttelt, schneit es
16	☐ A N N ☐	ein Nadelbaum
17	☐ R B S ☐	eine Hülsenfrucht; die man in der Suppe vorfindet. Als Gemüse schmeckt sie auch gut

Lösungswort: ☐☐☐☐☐☐☐☐☐☐☐☐☐☐☐☐☐

Der Weg zum Tempel in Jerusalem (Würfelspiel)

Für dieses Würfelspiel braucht ihr den Spielplan *(am besten heraus-kopieren, vergrößern und bunt ausmalen)*, eine Spielfigur für jeden Mitspieler und einen Würfel.
Jetzt kann das Spiel beginnen. Alle Spieler stellen ihre Spielfigur in die Stadt Jericho. Wer als Erster eine »6« würfelt, darf anfangen, mit Jesus in Richtung Jerusalem zu »reisen«. Aber unterwegs geschieht noch einiges. Beachtet dazu die Ereignisfelder!
Wer zuerst den Tempel von Jerusalem erreicht, hat gewonnen.
Es wird keine Spielfigur hinausgeworfen, deswegen können auch mehrere Figuren auf einem Feld stehen.
Viel Spaß!

Ereignisfelder

1 Jesus trifft den Zolleinnehmer Zachäus in Jericho und ist bei ihm zu Gast. *Setze einmal aus!*
2 Jesus wandert mit seinen Jüngern und Begleitern weiter und er-zählt Gleichnisse. *Gehe zwei Felder vor!*
3 Jesus und seine Jünger erreichen Betfage. *Rücke ein Feld vor.*
4 Jesus schickt zwei Jünger aus, um im Dorf einen jungen Esel zu holen. *Setze zweimal aus!*
5 Jesus begrüßt in Betanien seine Freunde Maria, Marta und Laza-rus. *Setze einmal aus!*
6 Jesus und seine Anhänger steigen den Ölberg hinauf. *Gehe ein Feld vor!*
7 Als Jerusalem in Sicht kommt, brechen alle Begleiter Jesu in lau-ten Jubel aus. Sie breiten Kleider und Palmzweige auf dem Boden aus, damit Jesus darüber reiten kann. *Rücke zwei Felder vor!*
8 Jesus sieht Jerusalem vor sich liegen und weint, weil die Menschen dort ihn nicht erkannt haben. Feinde werden kommen, die Stadt belagern und vernichten. *Gehe zurück nach Jericho!*
9 Jesus reitet nach Jerusalem hinein. *Setze zwei Felder vor!*
10 Jesus geht in den Tempel und jagt alle Händler hinaus! *Rücke vor bis zum Tempel von Jerusalem!*

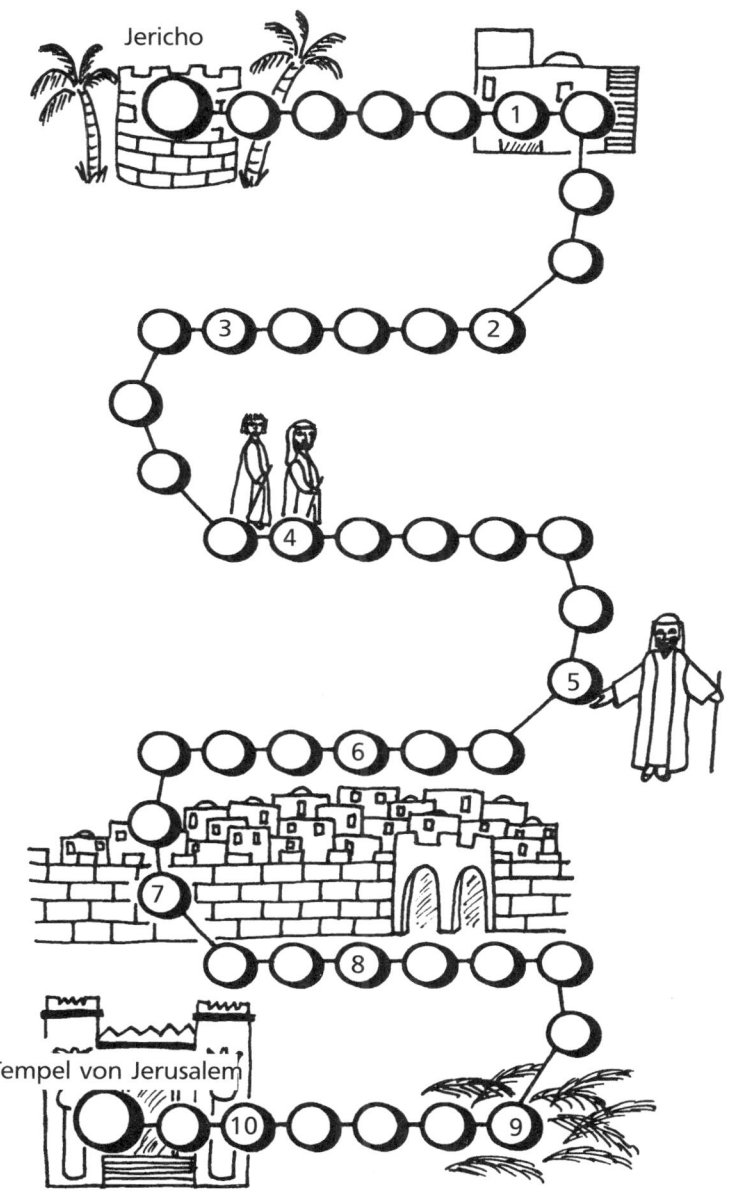

Jericho

Tempel von Jerusalem

Karfreitag

Jesus wird gekreuzigt (nach Matthäus 27)

Karfreitag starb Jesus am Kreuz. Man nennt diese Hinrichtung eine Kreuzigung. Das ist sehr schmerzhaft. Viele Menschen, die damals gekreuzigt werden sollten, weil sie Verbrecher waren, wehrten sich so sehr, dass man sie nur an das Kreuz fesselte. Doch Jesus wehrte sich nicht. Er ließ sich die Nägel durch die Hände und durch die Füße schlagen. Damit die Sünden aller Menschen vergeben werden, starb Jesus am Kreuz für uns und vergoss dabei sehr viel Blut. Jesus starb für uns Menschen. Und das ist der einzige Weg, wie wir in den Himmel kommen können.

Menschen unterm Kreuz (Bild zum Ausmalen)

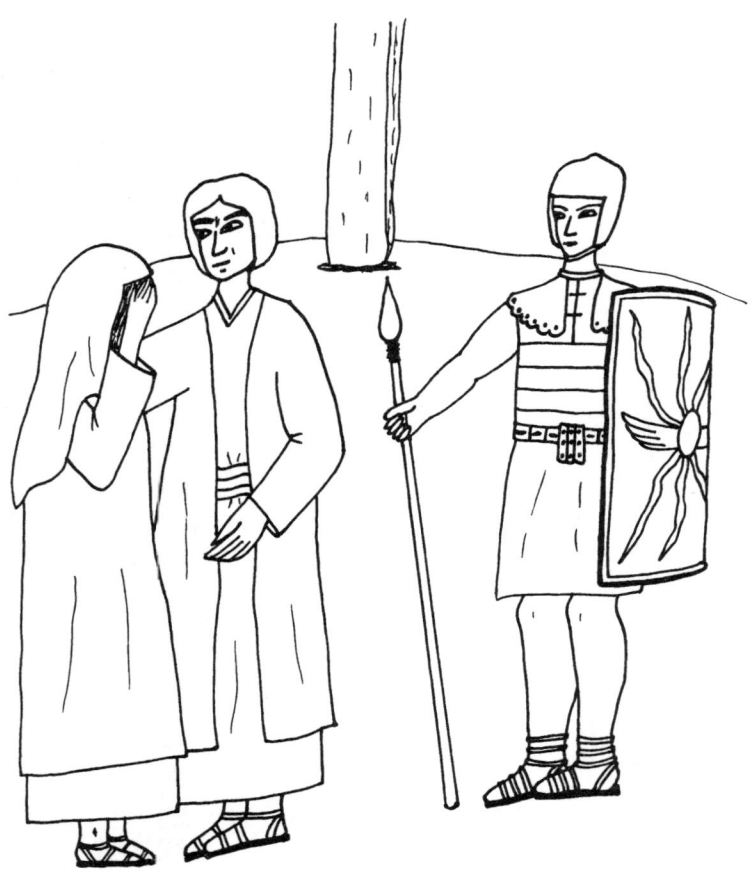

Entstehung von Karfreitag

Der Karfreitag ist der höchste evangelische Feiertag, der seit dem 2. Jahrhundert als Trauertag begangen wird. Wir erinnern uns an diesem Tag an den Tod Christi am Kreuz. Man nennt ihn auch Stillen Freitag.
Die Vorsilbe »Kar« kommt aus dem Althochdeutschen und bedeutet »Sorge«.

Ein Lied zum Karfreitag

Der Heiland geht nach Golgatha,
das laute Volk geht mit,
das Kreuz drückt ihn zu Boden fast,
fühlst du, wie er dort litt?

Sie schlugen ihn ans harte Holz;
so tut die blinde Welt.
Seht, wie er sterbend noch für sie
die Arme offen hält!

Der Heiland stirbt,
nun ist's geschehn; o böser, dunkler Tag!
Der Himmel weint,
die Erde bebt, kein Vöglein singt im Hag.

Die Schöpfung trauert um und um
und hält den Atem an.
Erst jetzt erschrickt der Mensch
und sieht, was er, was er getan.

Herr Jesus Christ, nun spüren wir,
wie du es hast gemeint;
wir wandern still nach Golgatha,
und unser Herze weint.

Wir bitten unterm Kreuze dich:
Nimm uns in deinen Bann,
dass unser armes,
irres Herz durch dich genesen kann!

(Text: Adolf Maurer, 1883
Weise: Joh. Georg Christian Störl, 1710)

Karwoche

Diese Woche vor Ostern nennt man auch Stille oder Heilige Woche.
In allen christlichen Kirchen denken die Menschen in dieser Zeit an
das Leiden Christi.
Am Gründonnerstag erinnern wir uns an das Abendmahl, das Jesus
mit seinen Jüngern gefeiert hat.
An diesem Tag wurden früher die Büßer wieder in die Kirche aufgenommen. Daher stammt vielleicht auch der Name »Gründonnerstag«. Man nannte nämlich die Büßer lateinisch »virides« (das heißt:
die »Grünen«).
Es kann aber auch sein, dass der Name von dem alten Wort »grei-
nen« (das bedeutet: weinen) abgeleitet wurde.
Am Karsamstag erinnern wir uns besonders daran, dass Jesus im
Felsengrab gelegen hat.

Quiz zum Karfreitag (Matthäus 27, 31 - 48)

Nenne die richtige Antwort a, b oder c

1 An welchem Tag begeht man Karfreitag?

❏ a) am Freitag vor Ostern
❏ b) am Freitag nach Ostern
❏ c) am Samstag vor Ostern

2 Seit welchem Jahrhundert wird Karfreitag als Trauertag begangen?

❏ a) seit dem 1. Jahrhundert
❏ b) seit dem 2. Jahrhundert
❏ c) seit dem 3. Jahrhundert

3 Wie hieß der Mann, der gezwungen wurde, Jesus das Kreuz zu tragen? Er war der Vater von Alexander und Rufus.

❏ a) Johannes
❏ b) Simon Petrus
❏ c) Simon aus Kyrene

4 Wie hieß der Ort, an dem Jesus gekreuzigt wurde? Man nennt ihn auch die Schädelstätte.

❏ a) Golgota
❏ b) Ölberg
❏ c) Zionsberg

5 Welches Getränk wurde Jesus vor der Kreuzigung gegeben?

❏ a) Wein mit Salz vermischt
❏ b) Wein mit Galle vermischt
❏ c) Wein mit Pfeffer vermischt

6 Wie viele Menschen wurden mit Jesus gekreuzigt?

❏ a) zwei Pharisäer, einer zur Rechten und einer zur Linken
❏ b) zwei Beamte, einer zur Rechten und einer zur Linken
❏ c) zwei Räuber, einer zur Rechten und einer zur Linken

7 Was schrie Jesus in der neunten Stunde am Kreuz?

❏ a) Mein Gott, mein Gott, warum hast du mich verlassen?
❏ b) Mein Gott, warum bestrafst du mich so?
❏ c) Mein Gott, warum lässt du das alles zu?

8 Welches Getränk reichte man Jesus, bevor er starb?

❏ a) einen Schwamm, getränkt mit Wasser
❏ b) einen Schwamm, getränkt mit Essig
❏ c) einen Schwamm, getränkt mit Wein

Kreuzrätsel

Die Buchstaben in dem Kreuz muss man in die leeren Kästchen den Wörtern voransetzen. Wenn du diese Buchstaben anschließend richtig ordnest, findest du den Tag, an dem Jesus gekreuzigt wurde.

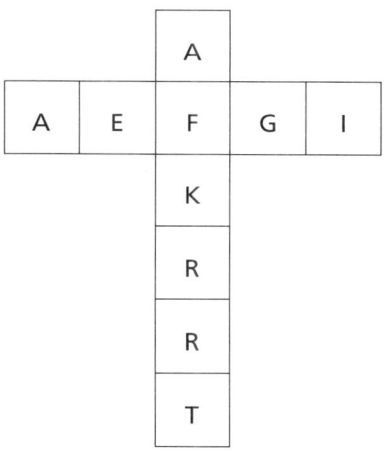

☐ aron — ☐ dam — ☐ lisabeth — ☐ reitag — ☐ ott — ☐ sai — ☐ ain — ☐ ebekka — ☐ om ☐ empel

Lösungswort: ☐ ☐ ☐ ☐ ☐ ☐ ☐ ☐ ☐

Gesucht wird ein Evangelist

Wenn du die Buchstaben richtig sortierst, ergeben sie jeweils biblische Namen und andere Begriffe. Dann musst du die Anfangsbuchstaben hintereinander lesen und es ergibt sich der Name eines Evangelisten, in dessen Buch in der Bibel von der Kreuzigung Jesu berichtet wird (ä = ae).

1   E   M   O   S   _____

2   A   A   D   M   _____

3   E   I   R   T   _____

4   I   L   L   T   _____

5   A   H   N   S   _____

6   A   B   E   L   _____

7   D   E   E   N   _____

8   E   F   R   U   _____

9   A   L   S   U   _____

1   Bruder von Aaron und Mirjam;
2   der erste Mensch, Mann der Eva;
3   ein Lebewesen; eine Maus, ein Tiger usw.;
4   Vorname von Eulenspiegel;
5   Jungenname;
6   Bruder von Kain;
7   in diesem Garten lebten Adam und Eva;
8   ein Gewässerrand; dort kannst du dich am Strand von der Sonne bescheinen lassen;
9   der erste israelitische König.

Lösungswort: ☐ ☐ ☐ ☐ ☐ ☐ ☐ ☐

Ergänzungsrätsel

Ergänze die Wörter in den Kästchen. Gesucht werden die Worte, die Jesus am Kreuz zu Gott schrie. Nachlesen kannst du sie in Matthäus 27, 46.

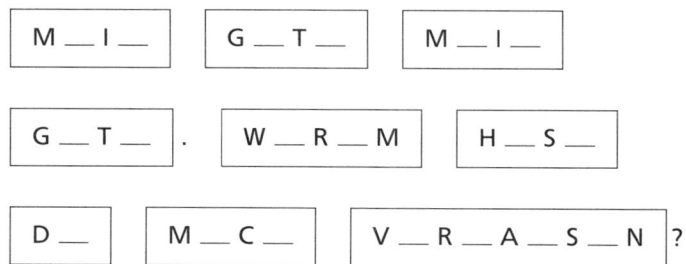

Kastenrätsel

Rate zuerst die Begriffe 1 bis 7 und trage sie in den Kasten ein. Trage die unten stehenden Fragen in den Kasten. Die nummerierten Felder 1 bis 7 ergeben, hintereinander gelesen, den Prokurator, der Jesus kurz vor der Kreuzigung verhörte.

1 er steht auf einer Kanzel in der Kirche
 und predigt;
2 ein Buch im Alten Testament; aber auch ein Beruf;
3 an dieses Volk schrieb der Apostel
 Paulus einen Brief;
4 Südfrüchte; sie sind etwas krumm und haben eine gelbe Farbe;
5 so nennt man Schnittholz; Mehrzahl;
6 ein Staat in West-Afrika; dort halten sich viele Missionare auf;
7 so wird eine schmale Stelle genannt.

1	[1]			R	R		R
2	R	[2]				E	R
3		A	[3]		T		R
4		B		N	[4]		N
5			E	I	S	[5]	
6		K		M		[6]	N
7			N		P		S	[7]

Lösungswort: ☐ ☐ ☐ ☐ ☐ ☐ ☐

98

Wir basteln ein Kreuz aus Streichhölzern

Für diese Bastelarbeit brauchen wir: *ein Stück feste Pappe, eine Packung Streichhölzer, Holzleim oder ähnlichen Klebstoff, Lineal, Bleistift, Schere, eine feuerfeste Unterlage (zum Beispiel: großer Teller) und einen Bildaufhänger.*

Zuerst zeichnen wir mit Lineal und Bleistift das Kreuz in der gewünschten Größe auf die Pappe *(siehe Zeichnung 1)*.
Nun müssen viele Streichhölzer abgebrannt werden. *Bitte Vorsicht!* Macht diesen Teil der Bastelarbeit nur, wenn ein Erwachsener dabei ist!!
Dazu das Streichholz anzünden, sofort wieder ausblasen und auf die feuerfeste Unterlage legen.
Vom Mittelpunkt des Kreuzes ausgehend kleben wir nun die Streichhölzer diagonal so auf das Pappkreuz, dass die abgebrannten Köpfe nach außen zeigen *(siehe Zeichnung 2)*.
Wenn das ganze Pappkreuz beklebt ist, befestigen wir auf der Rückseite oben den Bildaufhänger und können das Kreuz nun in der Passionszeit an die Wand hängen.

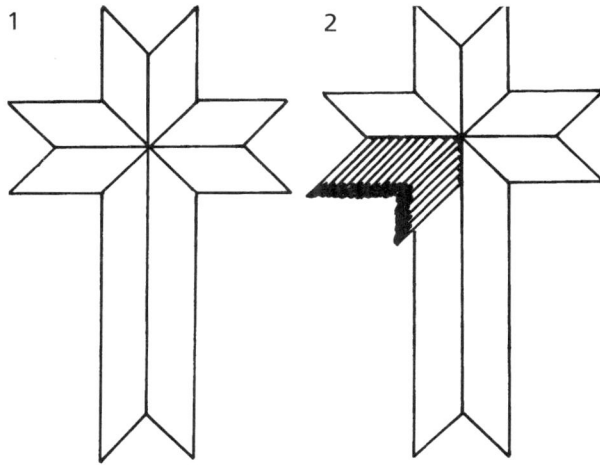

Ostern

Jesu Auferstehung (nach Matthäus 28, 1-10)

Am frühen Ostermorgen kamen Maria von Magdala und die andere Maria, um nach dem Grab von Jesus zu gucken. Plötzlich geschah ein großes Erdbeben. Der Engel des Herrn kam vom Himmel herab. Er wälzte den Stein vor dem Grab weg und setzte sich darauf. Die Wachen bekamen einen großen Schreck und hatten Angst.

Der Engel sprach zu den Frauen: Habt keine Angst! Ich weiß, dass ihr Jesus, den Gekreuzigten, sucht. Schaut hinein, das Grab ist leer. Er ist nicht hier. Jesus war drei Tage lang tot und nun ist er wieder lebendig. Geht zu seinen Jüngern und sagt ihnen, dass Jesus wieder lebt.

Eilig und in großer Angst, aber auch voller Freude, dass Jesus wieder lebt, liefen die Frauen zu den Jüngern. Plötzlich begegnete ihnen Jesus und sprach: Seid gegrüßt! Die Frauen erschraken, umfassten seine Füße und fielen vor ihm nieder auf die Knie.

Jesus sprach zu ihnen: Fürchtet euch nicht! Geht zu meinen Brüdern und sagt ihnen, dass sie nach Galiläa gehen sollen. Dort werden sie mich sehen.

Das leere Grab (Bild zum Ausmalen)

Die Entstehung von Ostern

An Ostern feiern wir die Auferstehung Christi von den Toten. Dies ist das älteste christliche Fest, das aber mit noch älteren Frühlingsfeiern verschmolz. Seit dem 2. Jahrhundert wird Ostern jedes Jahr gefeiert.
Der Termin richtet sich nach dem jüdischen Pessachfest. Aber im 2. Jahrhundert stritten die Kirchenführer sich um die Berechnung des Festtermins. Diesen Streit nennt man den Osterfeststreit.
Heute feiern wir Ostern am 1. Sonntag nach dem Frühlingsvollmond. Damit liegt Ostern immer zwischen dem 22. März und dem 25. April.
In der frühen Zeit der Kirche und im Mittelalter wurden in der Nacht von Karsamstag auf Ostern die Tauffeiern gehalten.

Ein Vers aus dem orthodoxen Ostergottesdienst

Christus ist auferstanden von den Toten.
Er hat den Tod durch den Tod überwunden
und denen, die im Grabe sind,
das Leben geschenkt.

Christus
ist auferstanden!
Er ist wahrhaftig auferstanden!
Halleluja!

Osterbräuche

Der Osterhase

Im Brauch und nach dem Glauben der kleinen Kinder ist es der Osterhase, der zum Osterfest die bunt bemalten Eier, Schokoladen- und Marzipaneier bringt. Urkundlich wird der Osterhase zum ersten Mal im Jahre 1682 von dem Mediziner Georg Franck aus Heidelberg erwähnt.
In anderen Gebieten glaubt man, dass zum Beispiel diese Tiere die Ostereier bringen: Hahn, Henne, Fuchs, Kranich oder Storch.

Das Osterei

Der Brauch, bunt bemalte Eier zu verschenken, ist viel älter als unser Osterfest. Schon um das Jahr 720 vor Christus haben die Menschen solche Eier bei Frühlingsfesten in China, Ägypten und Persien verschenkt. In der Antike, dem Altertum, sah man das befruchtete Ei, das neues Leben in sich trägt, als Opfergabe für die Götter und als Glücksbringer an.
Wenn Häuser oder Tempel gebaut wurden, mauerten die Bauleute es mit ein.
Hier bei uns gab es schon im Mittelalter Ostereier. Aber sie waren damals nicht für die Kinder bestimmt, sondern für die Grundherren. Sie bekamen die erste Pacht des Jahres für die Äcker. Die Bauern bezahlten die Pacht nicht nur in Geld, sondern teilweise auch in Lebensmitteln. Dazu gehörten auch einige rot bemalte Eier.

Das Osterlamm

In der Karwoche können wir in den Schaufenstern der Bäckereien die aus feinem Rührteig gebackenen Osterlämmer sehen. Das Osterlamm gehört ursprünglich ins Judentum. Die Israeliten aßen das

Pessachlamm zur Erinnerung an den Auszug aus Ägypten und an Gottes Bewahrung und Hilfe. Diese spannenden Geschichten kannst du in 2. Mose 12 nachlesen.

Für uns Christen erinnert das gebackene Lamm daran, dass Jesus das »Opferlamm Gottes« ist, »das die Schuld der ganzen Welt wegnimmt« (siehe Johannes 1, 29).

Der Prophet Jesaja sagt, dass er wie ein Lamm zum Schlachten geführt wird (siehe Jesaja 57, 7).

Osterhase (Bild zum Ausmalen)

Quiz zu Ostern (Matthäus 28, 1 - 10)

Nenne die richtige Antwort a, b oder c.

1 Seit welchem Jahrhundert wird Ostern gefeiert?

❏ a) seit dem 2. Jahrhundert
❏ b) seit dem 3. Jahrhundert
❏ c) seit dem 4. Jahrhundert

2 Wie viele Tage war Jesus tot?

❏ a) 2 Tage
❏ b) 3 Tage
❏ c) 4 Tage

3 Wie hießen die beiden Frauen, die am Ostermorgen nach dem Grab von Jesus sehen wollten?

❏ a) Elisabet und Marta
❏ b) Lois und Eunike
❏ c) Maria von Magdala und Maria

4 Welche Gestalt kam vom Himmel herab zu den beiden Frauen?

❏ a) ein Engel
❏ b) ein Stern
❏ c) ein Geist

5 Welcher große Gegenstand befand sich vor Jesu Grab?

☐ a) ein Brett
☐ b) ein Stein
☐ c) ein Eisenklotz

6 Welchen Leuten sollten die Frauen erzählen, dass Jesus auferstanden ist?

☐ a) den Hohepriestern
☐ b) dem Statthalter Pilatus
☐ c) Jesu Jüngern

7 Wer begegnete den Frauen auf dem Weg zu den Jüngern?

☐ a) der auferstandene Jesus
☐ b) ein Priester
☐ c) eine Wache

8 Wohin sollten die Jünger kommen, um Jesus zu sehen?

☐ a) zum Ölberg
☐ b) nach Galiläa
☐ c) nach Jerusalem

Bilderrätsel

Wenn du alle Gegenstände dieses Rätsels erraten hast, musst du die einzelnen Namen der Abbildungen in die Kästchen eintragen. Nun suche die Buchstaben der Zahlen 1 bis 7 heraus und schreibe sie hintereinander auf. Und schon hast du das Lösungswort gefunden.

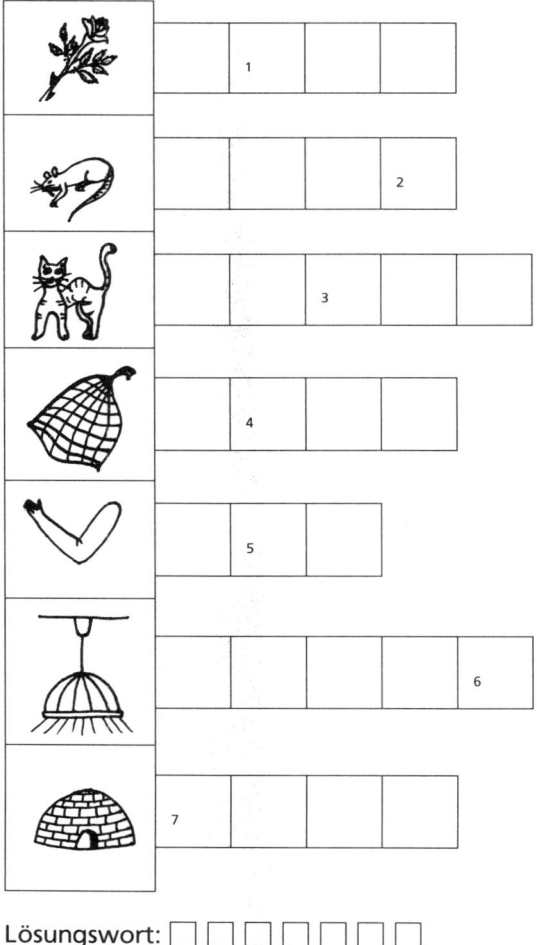

Lösungswort: ☐ ☐ ☐ ☐ ☐ ☐ ☐

Kasten-Silbenrätsel

Bilde aus den Silben die unten stehenden Begriffe und trage sie in das Kastenrätsel ein. Die Buchstaben in den Kästchen 1 bis 23 ergeben die Lösungswörter. Gesucht werden die Namen der beiden Frauen, die am Ostermorgen das leere Grab von Jesus aufsuchten.

1	ter — mut	ein Elternteil
2	ri — ja — mo	Ort, an dem Abraham seinen Sohn Isaak Gott opfern sollte
3	ri — ne — ma	Kriegsschiffe eines Staates
4	ge — flie	ein lästiges Insekt
5	fer — kae	eine Insektenart
6	me — baeu	sehr viele von ihnen findest du im Wald
7	than — na	ein Prophet
8	ni — da — el	er wurde in eine Löwengrube geworfen; Gott sorgte aber dafür, dass er wieder heil herauskam
9	mer — som	die warme Jahreszeit
10	mas — tho	ein Jünger Jesu
11	rus — pet	Beiname des Simon
12	ra — is — el	das »Gelobte Land«, dort lebte Jesus
13	na — ba — ne	eine Südfrucht
14	ter — nat	eine Schlangenart
15	da — u — gan	ein ostafrikanischer Staat
16	sel — ras	ein Kleinkindspielzeug
17	me — kaem	mit diesem Gerät frisierst du dir jeden morgen die Haare (Mehrzahl)
18	la — gi — se	Mädchenname
19	gen — mor	nicht heute, sondern . . .
20	ner — red	jemand, der einen Vortrag hält
21	sern — ma	eine Kinderkrankheit
22	sen — fel	ein großer Steinbrocken
23	lus — pau	ein bekannter Apostel

Lösungen: ☐☐☐☐☐◆☐☐☐◆☐☐☐☐☐◆
☐☐☐◆☐☐☐☐☐☐☐

1					
					2
		3			
		4			
	5				
			6		
					7
8					
			9		
				10	
			11		
12					
	13				
	14				
15					
			16		
				17	
					18
			19		
		20			
	21				
		22			
	23				

Ein Buchstabe fehlt

In den folgenden Wörtern fehlt je ein Buchstabe. Wenn du die richtigen Buchstaben einsetzt und hintereinander liest, ergibt sich der Name eines Ostertieres.

F	R		M	M
H	A		E	N
	I	G	E	R
J		S	U	S
	A	S	E	N
S	I		K	E
L	U	K		S
R	O		A	N
	A	R	I	A

Lösungswort: □ □ □ □ □ □ □ □ □

112

Wir basteln einen Osterhahn

Material:

Eierkarton; Filzstifte oder Wasserfarben; eine Feder; Klebstoff; Schere; etwas Pappe

Und so wird es gemacht:

Du nimmst einen Eierkarton für 6 Eier. Daraus schneidest du jeweils ein Eierschälchen mit dem dazugehörigen Deckel aus und malst beides mit einem Filzstift oder Wasserfarben bunt an. Dann drehst du das Deckelschälchen um und klebst es in die andere Schale. Den Schnabel, den Hahnenkamm und die Augen musst du aus Pappe zuschneiden *(siehe Zeichnung)*. Den Schnabel und den Hahnenkamm malst du mit roter und die Augen mit blauer Farbe aus. Für den Hahnenkamm und den Schnabel schneidest du den Eierkarton ein wenig ein. Solltest du keine echte Feder haben, dann genügen auch einige Bastfäden oder bunte Papierstreifen, die hinten an das obere Schälchen angeklebt werden.

Wir basteln einen Osterhahn mit Servietten-Kamm

Material:

eine leere Toilettenrolle; Wasserfarben oder Filzstifte; Buntpapier; Serviette; Klebstoff; Schere

Und so wird es gemacht:

Die leere Toilettenrolle wird mit Wasserfarben oder Filzstiften bunt angemalt. Den Schnabel und die Augen schneiden wir mit Buntpapier aus und kleben sie an die Toilettenrolle *(siehe Zeichnung)*. Für den Schwanz, der eineinhalbmal so lang wie die Rolle ist, schneiden wir ein Stück Buntpapier in der Größe 15 cm x 3 cm aus.
Wir schneiden viele schmale Längsstreifen ein *(siehe Zeichnung)*. Unten an die Toilettenrolle kleben wir den nicht eingeschnittenen Teil an. Jetzt müssen wir darauf achten, dass wir unsere Serviette geschickt zusammenlegen, und in die leere Toilettenrolle von oben so hineinschieben, dass der obere Zipfel herausschaut und wie ein Hahnenkamm aussieht.

Wir basteln ein Osterküken

Material: *2 Pappringe von ca. 8 cm Durchmesser (siehe Zeichnung 1); gelbe Wolle; Knöpfe oder bunte Glasperlen; Draht; Stoff oder Pappe; Klebstoff; Schere.*

Die Pappringe legen wir aufeinander. In Kreisform legen wir zwischen die Ringe einen Faden. Die beiden Enden müssen herausschauen *(siehe Zeichnung 2).*

Nun werden die Ringe mit einem Wollfaden so lange umstochen, bis das Loch in der Mitte zu ist *(siehe Zeichnung 3).*

Jetzt werden die Fäden am äußersten Rand vorsichtig aufgeschnitten. Der Mittelfaden wird zu einem Knoten gelegt und zugezogen *(siehe Zeichnung 4).* Die Pappringe werden vorsichtig aufgeschnitten und herausgezogen.

Der Wollball muss rund werden, also klopfen und drücken wir ihn mit der Hand zurecht. Die überstehenden Fäden müssen abgeschnitten werden. Für unser Küken benötigen wir zwei Wollbällchen, eins muss für den Kopf etwas kleiner sein. Dafür die Pappringe ca. 5 cm groß zuschneiden. Die beiden Wollbälle werden mit den heraushängenden Mittelfäden zusammengenäht.
Die Augen bestehen aus Knöpfen oder bunten Glasperlen. Diese nähst du mit einem Wollfaden fest, indem du mit der Nadel in die Mitte des Wollbällchens stichst.
Die Füße und das Schwänzchen biegen wir aus Draht. Am Ende lässt du ein Stück Draht stehen, biegst es nach oben und steckst es in den Körper.
Der Schnabel wird aus orangefarbenem Stoff oder Pappe zugeschnitten, geknickt und an den Kopf geklebt.

Viel Freude mit dem Osterküken!

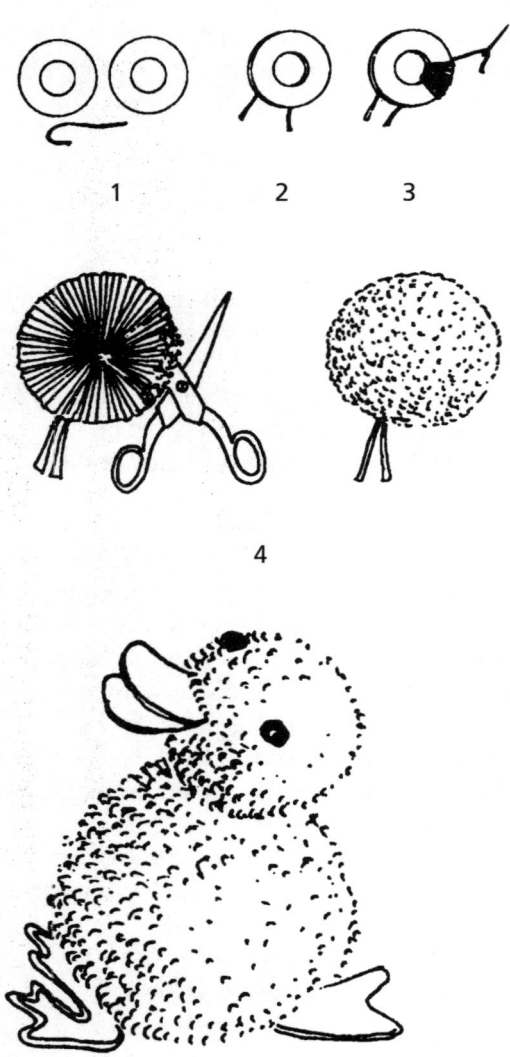

1   2   3

4

116

Eierlaufen mit dem Löffel im Mund (Spiel)

Jedes Kind bekommt ein hart gekochtes Ei und einen Suppenlöffel.
Den Löffel mit dem Ei muss man mit dem Mund tragen.
Alle Kinder stehen nebeneinander in einer Reihe und laufen erst dann
los, wenn der Spielleiter das Kommando dazu gibt.
Wenn während des Laufes das Ei herunterfällt, darf man es *nicht* mit
der Hand aufheben. Man muss weiterhin den Löffel im Mund behalten und in dieser Stellung versuchen, das Ei aufzuheben. Erst dann
darf man weiterlaufen.
Wer als Erster das Ziel erreicht hat und wem das Ei nicht zerbrochen
ist, ist Sieger.
Zum Schluss dürfen alle Kinder ihre Eier aufessen.

Abwandlungen

1. Kleinere Kinder dürfen den Löffel mit dem Ei in die Hand nehmen. Wenn das Ei herunterfällt, muss es ebenfalls mit dem Löffel auf-
gehoben werden.

2. Für ältere Kinder kann man einen Hindernislauf aufbauen. Sie
müssen zum Beispiel über einen Stuhl klettern, Slalom laufen, unter
einem gespannten Seil durchkriechen usw.

Eierstoßen (Spiel)

Zwei Kinder stehen sich gegenüber. Jedes der Kinder hat ein hart gekochtes Osterei in der Hand. Sie schlagen die Eierspitzen gegeneinander. Das Kind, dessen Ei dabei kaputtgeht, muss sein Ei dem Sieger abgeben!

Eier-Boccia (Spiel)

Ein rot gefärbtes Ei (mit anderen gefärbten Eiern geht es natürlich auch) legt man auf eine Rasenfläche. Im Abstand von ungefähr fünf Metern stellen sich die Kinder hintereinander auf. Jedes der Kinder hat ein hart gekochtes gefärbtes Ei in der Hand, das aber natürlich nicht rot sein darf. Sonst kann man die Abstände zum roten »Zielei« nicht feststellen.

118

Nacheinander werfen die Kinder ihre Eier in Richtung des roten Eis. Wer sein Ei am dichtesten zum »Zielei« geworfen hat, hat gewonnen. Der Sieger bekommt ein Schokoladenei.
Ihr könnt so oft Eier-Boccia spielen, bis jeder ein Schokoladenei gewonnen hat.

Himmelfahrt

Jesus nimmt Abschied von seinen Jüngern
(nach Apostelgeschichte 1, 4 - 11)

Als Jesus nach seiner Auferstehung wieder einmal mit den Jüngern auf dem Ölberg zusammen war, fragten sie ihn: »Wann wirst du denn das Reich Gottes in Israel aufbauen?«
Jesus antwortete ihnen: »Den Zeitpunkt dafür hat der Vater im Himmel selbst festgelegt. Ihr braucht ihn nicht zu wissen. Aber ihr sollt auf der ganzen Welt als meine Zeugen auftreten und allen Menschen von mir erzählen!« Als er noch so zu ihnen redete, wurde Jesus vor ihren Augen hochgehoben. Eine Wolke hüllte ihn ein, so dass sie ihn nicht mehr sehen konnten.
Als sie noch nach oben starrten, standen plötzlich zwei Männer in weißen Gewändern neben ihnen. Sie sagten: »Ihr Männer aus Galiläa, warum steht ihr hier und schaut nach oben? Jesus, der von euch weggegangen ist und in den Himmel aufgenommen wurde, wird genauso wiederkommen, wie ihr ihn habt weggehen sehen.«

Die zurückbleibenden Jünger (Bild zum Ausmalen)

Entstehung von Himmelfahrt

An diesem Feiertag erinnern wir uns an die Himmelfahrt Christi. In der Bibel berichten die Evangelisten Markus, Lukas und die Apostelgeschichte davon, dass Jesus vor den Augen der Jünger in den Himmel aufgenommen wurde.

Die biblischen Berichte bezeugen uns, dass dieses Ereignis 40 Tage nach der Auferstehung stattfand. Damit liegt auch der Termin des Festes immer 40 Tage nach Ostern.

Man weiß nicht genau, seit wann die christlichen Kirchen Himmelfahrt feiern, aber im Jahre 600 steht dieser Feiertag bereits im christlichen Kalender, wahrscheinlich wurde Himmelfahrt schon im 4. Jahrhundert als Feiertag begangen.

Quiz zu Himmelfahrt (Apostelgeschichte 1, 4 - 11)

Nenne die richtige Antwort a, b oder c

1 Wie nennt man das Gegenstück zu Himmelfahrt?

❏ a) Satansfahrt
❏ b) Teufelsfahrt
❏ c) Höllenfahrt

2 Wie viele Tage nach Ostern feiert man Himmelfahrt?

❏ a) 30 Tage
❏ b) 40 Tage
❏ c) 50 Tage

3 Wie viele Tage nach Ostern zeigte sich Jesus bei den Jüngern?

☐ a) 40 Tage
☐ b) 45 Tage
☐ c) 50 Tage

4 Jesus befahl seinen Jüngern, die Stadt nicht zu verlassen. Um welche Stadt handelte es sich?

☐ a) Betlehem
☐ b) Jerusalem
☐ c) Tiberias

5 Was hüllte Jesus ein, als er zum Himmel hochgehoben wurde?

☐ a) eine Wolke
☐ b) ein Gewitter
☐ c) ein Nebelschwaden

6 Welche Kleidung trugen die zwei Männer, die plötzlich bei den Jüngern standen?

☐ a) blaue Mäntel
☐ b) schwarze Hosen
☐ c) weiße Gewänder

Treppenrätsel

Rate die Wörter und trage sie in die Kästchen ein. Die Anfangsbuchstaben der gefundenen Wörter ergeben, von oben nach unten gelesen, ...

a) ... den Namen eines bekannten Apostels

1 Autokennzeichen von Potsdam;
2 wenn du dir weh tust, schreist du: ...;
3 ein Bindewort;
4 ein Ungeziefer;
5 ein Kurzwort für Untergrundbahn;
6 bevor David König wurde, war er ein Hirte. Welche Tiere hütete er?

b) ... den Namen eines Jüngers Jesu; der Bruder von Johannes

1 der 10. Buchstabe im deutschen Alphabet;
2 Autokennzeichen für Aachen;
3 ein weibliches Rind;
4 dieses Gerät erzeugt viel Wärme;
5 Kurzname für Babylon;
6 eine Stadt in der Lüneburger Heide;
7 der 10. Sohn von Jakob.

Perlenkette aus einem Bibelspruch

Hier sind die fehlenden Buchstaben einzusetzen. Es ergibt sich ein Bibelspruch aus Matthäus 28, 20.

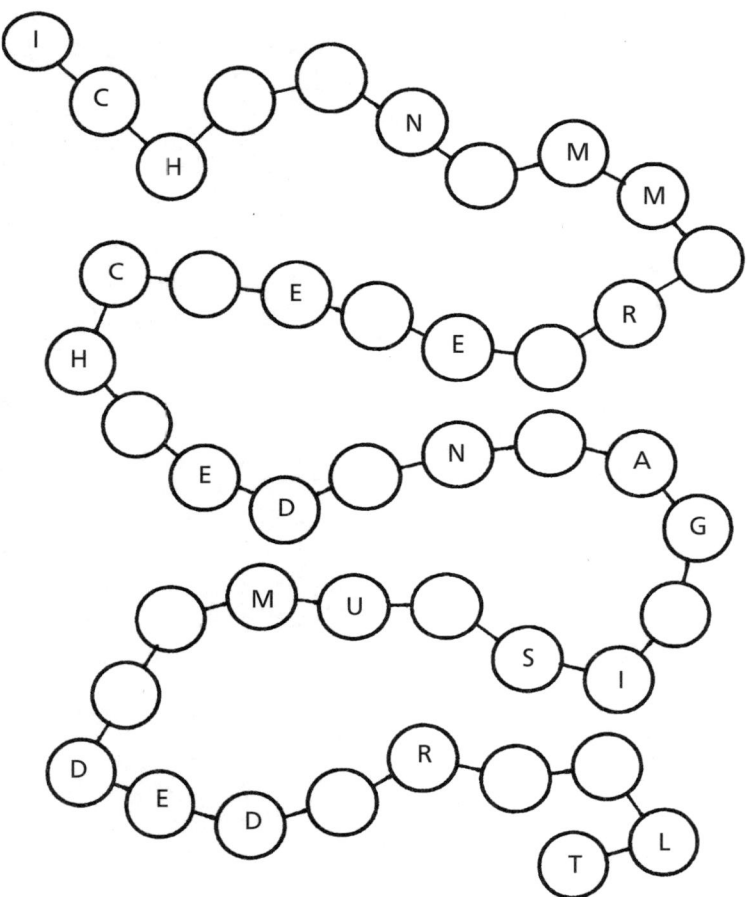

Bilderrätsel

Schreibe die fehlenden Buchstaben in die Kreise. Die Anfangsbuchstaben der gesuchten Bilder ergeben, hintereinander gelesen, den Ort, wohin Jesus an Himmelfahrt fuhr.

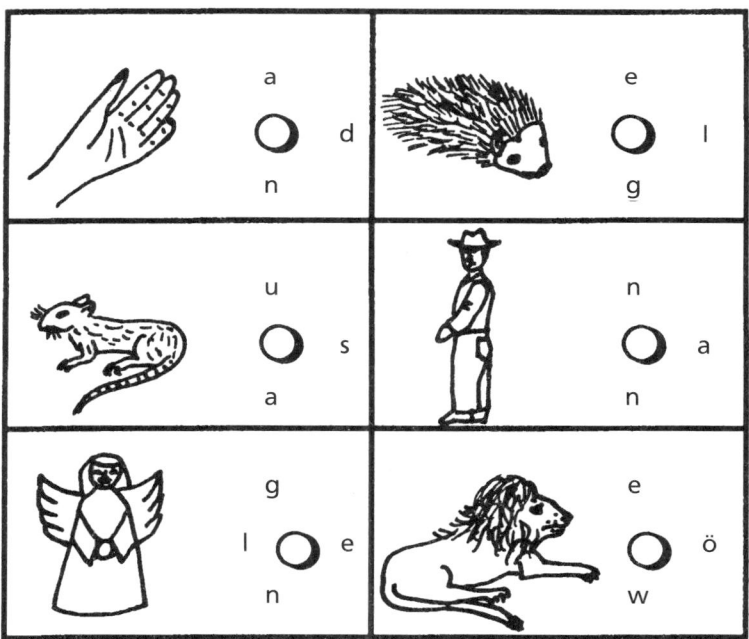

Lösungen:

Lösungswort: ☐ ☐ ☐ ☐ ☐ ☐

Bibelspruch-Rätsel

Die folgenden Wörter sind zu ergänzen. Hierzu musst du die Bibel aufschlagen und in dem angegebenen Spruch ein Wort suchen, das die entsprechende Buchstabenanzahl und dieselben Anfangs- und Endbuchstaben hat. Jeder Punkt steht für einen Buchstaben. Die gefundenen Wörter ergeben, hintereinander gelesen, einen Bibelspruch aus Apostelgeschichte 1, 11.

D . e . e .	Apostelgeschichte 1, 11	_____
J . s . s	Matthäus 17, 24	_____
d . r	Lukas 15, 25	_____
v . n	Lukas 24, 49	_____
e . c .	Lukas 24, 25	_____
w . g	Matthäus 4, 10	_____
i .	Lukas 24, 18	_____
d . n	Lukas 24, 35	_____
H . m . e .	Lukas 24, 51	_____
a . f . e . o . m . n	Apostelgeschichte 1, 11	_____
w . r . e	Lukas 22, 66	_____
w . r .	Lukas 24, 7	_____
a . f	Johannes 1, 15	_____
d . e . e . b .	Apostelgeschichte 1, 11	_____

W . i . e	Philipper 1, 18	_____
w . e . e . k . m . e .	Apostelgeschichte 1, 11	_____
w . e	Apostelgeschichte 1, 17	_____
i . r	Nehemia 1, 9	_____
i . n	Johannes 1, 19	_____
h . b .	Johannes 14, 27	_____
w . g . e . e .	Apostelgeschichte 1, 11	_____
s . h . n	2. Könige 3, 17	_____

Lösung:

_____

_____

_____

_____

129

Pfingsten

Das Pfingstwunder (nach Apostelgeschichte 2, 1 - 41)

Am Pfingsttag waren alle Jünger an einem Ort zusammen. Plötzlich kam ein Brausen vom Himmel. Es hörte sich an wie ein starker Wind. Es erschienen feurige Flammen, das war der Heilige Geist von Gott.

Die Jünger predigten plötzlich in anderen Sprachen, die sie vorher gar nicht sprechen konnten.

In Jerusalem wohnten viele Juden, gläubige Männer aus allen Völkern. Als dieses Brausen kam, eilte eine Menschenmenge zusammen. Sie wunderten sich, dass sie die Jünger in ihrer eigenen Sprache reden hörten. Die Juden sprachen: »Kommen nicht alle, die da reden, aus Galiläa? Aber wir hören sie doch in unserer eigenen Muttersprache reden? Sie erzählen in unserer Sprache von Gottes großen Taten!« Alle waren entsetzt und ratlos und einer sagte zum andern: »Was soll das werden?«

Andere aber spotteten über die Jünger und sprachen: »Sie sind betrunken vom süßen Wein!«

Sie waren aber nicht betrunken, sondern der Geist Gottes bewirkte in ihnen, dass sie so sprechen konnten.

Petrus predigte dann zu der großen Menschenmenge. Viele hörten aufmerksam und gespannt zu und glaubten an Jesus, von dem Petrus gesprochen hatte. Sie bereuten ihre Fehler und Sünden und ließen sich taufen. So entstand an diesem Tag eine Gemeinde von 3000 Menschen.

Petrus predigt (Bild zum Ausmalen)

Entstehung von Pfingsten

Am 50. Tag nach Ostern feiern wir Pfingsten zur Erinnerung an die Gabe des Heiligen Geistes, den die in Jerusalem versammelten Apostel empfangen haben.

Alte Texte bezeugen, dass das Pfingstfest im 3. Jahrhundert schon gefeiert wurde. Der Vorläufer dieses Festes war das jüdische Wochenfest (Schawuot). Dabei feiern die Juden, dass Gott dem Volk Israel am Sinai die 10 Gebote geschenkt hat. Gleichzeitig ist es ein Erntefest. Im Mittelalter wurde Pfingsten noch an drei Tagen, jetzt nur noch an zwei Tagen gefeiert.

Heute bildet Pfingsten den Abschluss des Osterfestkreises.

Ein Lied zu Pfingsten

O komm, du Geist der Wahrheit, und kehre bei uns ein,
verbreite Licht und Klarheit, verbanne Trug und Schein.
Gieß aus dein heilig Feuer, rühr Herz und Lippen an,
dass jeglicher getreuer den Herrn bekennen kann.

Es gilt ein frei Geständnis in dieser unsrer Zeit,
ein offenes Bekenntnis bei allem Widerstreit;
trotz aller Feinde Toben, trotz allem Heidentum
zu preisen und zu loben das Evangelium.

Du Heilger Geist, bereite ein Pfingstfest nah und fern,
mit deiner Kraft begleite das Zeugnis von dem Herrn.
O öffne du die Herzen der Welt und uns den Mund,
dass wir in Freud und Schmerzen das Heil ihr machen kund!

(Text: Philipp Spitta 1801 - 1859;
Weise: 15. Jahrhundert, geistlich Böhmische Brüder, 1544)

Ein Vers von Martin Luther

Glaube ist eine lebendige, verwegene Zuversicht auf Gottes Gnade,
so gewiss, dass er tausendmal dafür sterben würde.
Und solche Zuversicht und Erkenntnis göttlicher Gnade macht
fröhlich, trotzig und lustig gegen Gott und alle Kreaturen;
das wirkt der Heilige Geist im Glauben.

Pfingstbräuche

Mit Pfingstmaien, das sind die frischen Birkenzweige, wird der Altar
in der Kirche geschmückt. In manchen Gegenden schmückt man
auch die Häuser von bekannten Persönlichkeiten oder die jungen
Männer das Haus der Geliebten.

Quiz zu Pfingsten (Apostelgeschichte 2, 1-41)

Nenne die richtige Antwort a, b oder c

1 Wie viele Tage nach Ostern feiert man Pfingsten?

❏ a) 30 Tage
❏ b) 40 Tage
❏ c) 50 Tage

2 Seit welchem Jahrhundert wird das Pfingstfest gefeiert?

❏ a) seit dem 2. Jahrhundert
❏ b) seit dem 3. Jahrhundert
❏ c) seit dem 4. Jahrhundert

3 Welches Geräusch kam plötzlich vom Himmel, das sich anhörte
   wie ein starker Wind?

❏ a) ein Brausen
❏ b) ein Grollen
❏ c) ein Donnern

4 Was bedeuten die feurigen Flammen, die plötzlich erschienen?

❏ a) der Heilige Geist von Gott
❏ b) Gespenster
❏ c) ein starkes Gewitter

5 In welchen Sprachen predigten die Jünger, die sie vorher gar nicht sprechen konnten?

☐ a) in Englisch und Deutsch
☐ b) in Französisch und Spanisch
☐ c) in allen anderen Sprachen

6 Woher kamen die Jünger?

☐ a) aus Judäa
☐ b) aus Galiläa
☐ c) aus Samaria

7 Was sagten die Spötter über die Jünger?

☐ a) »Sie sind betrunken vom süßen Wein!«
☐ b) »Sie sind verrückt!«
☐ c) »Sie sind betrunken vom Bier!«

8 Wer predigte schließlich zu der großen Menschenmenge?

☐ a) Thomas
☐ b) Johannes
☐ c) Petrus

Stufenrätsel

Von Stufe zu Stufe wird ein Buchstabe weniger gebraucht. Die Anfangsbuchstaben der gefundenen Wörter ergeben, von oben nach unten gelesen, ein christliches Fest.

1 ein christliches Fest, das wir im Mai oder Juni jedes Jahr feiern;
2 ein anderes Wort für Straße;
3 Bezeichnung für eine Bienenzucht;
4 hinterer Bereich des menschlichen Halses;
5 ein Gerät, womit du isst;
6 der erste israelitische König;
7 ein Getränk; deine Mutti bereitet es dir zu, wenn du krank bist;
8 ein Huhn legt es;
9 der 14. Buchstabe im deutschen Alphabet.

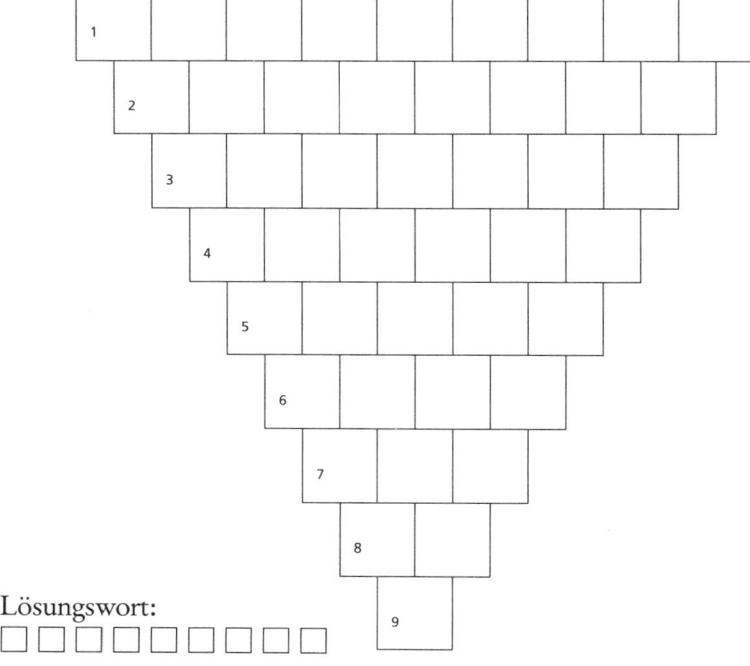

Lösungswort:

Die mittlere Senkrechte

In die Kästchen dieser 13 waagerechten Reihen sollen Wörter von jeweils 7 Buchstaben eingetragen werden. Liest man die Buchstaben auf der durchgehenden senkrechten Linie, ergibt sich der Name eines Apostels von Jesus (ä = ae) (Matthäus 10, 3).

1 Frau des Uria; später Frau König Davids; Mutter von Salomo (2. Samuel 11, 3)

2 ein Engel, der Daniel eine Erscheinung erklärt (Daniel 8, 16-27)

3 die Bezeichnung für ein Sonnenschutzdach

4 ein anderes Wort für Art, Sorte, Gruppe

5 den lässt du im Herbst in die Lüfte steigen

6 israelisches Grußwort; es bedeutet Frieden

7 die Nase beim Elefant

8 ein Ratsherr

9 Teile der Bäume

10 meist eine größere Pflanze, kein Baum, sondern ein ...

11 er bekümmert sich um dich, wenn du im Flugzeug sitzt

12 das bist du, wenn du Dinge machst, die Gott ganz und gar nicht gefallen

13 eine große Skisport-Anlage; dort springen die Skisportler oft sehr weit hinunter.

1								A	T	S		B	A
2						G	A	B					
3								K	I	S	E		
4						T	T			G			
5			D	R				E	N				
6		S	C	H				M					
7				S	S		L						
8		S			A	T	O						
9					A		M	M					
10				S	T	R				H			
11								W		R	D		
12						S	U				E	R	
13								C	H			Z	

Lösungswort: ☐ ☐ ☐ ☐ ☐ ☐ ☐ ☐ ☐ ☐ ☐ ☐ ☐

Neue Köpfe

14 Wörter sollen einen anderen Anfangsbuchstaben bekommen und dadurch zu neuen Wörtern werden, Beispiel: Rose — Dose. Die Bedeutung der neuen Wörter setzen wir in Klammern hinter den ersten Begriff. Liest man dann die neuen Anfangsbuchstaben von oben nach unten, ergibt sich die Bezeichnung für die Rede, die Petrus Pfingsten in Jerusalem hielt.

1	Saul	(Jungenname)	___ a u l
2	Held	(der Bauer arbeitet und erntet darauf)	___ e l d
3	Egel	(ein Tier mit vielen Stacheln)	___ g e l
4	Pass	(wenn es regnet, wirst du …)	___ a s s
5	Frau	(eine Farbe)	___ r a u
6	Hand	(damit spielen alle kleinen Kinder gern)	___ a n d
7	Nina	(ein Mädchenname)	___ i n a
8	Filz	(eine Sporenpflanze, die mal giftig und mal essbar ist)	___ i l z
9	Wabe	(ein Vogel)	___ a b e
10	Ober	(männliches Schwein)	___ b e r
11	Reck	(so nennt man ein Stockwerk auf einem Schiff)	___ e c k
12	Amme	(ein anderer Name für eine Biene)	___ m m e
13	Rolf	(ein Rasensport mit einem kleinen Bällchen)	___ o l f
14	Zopf	(in diesem Gefäß kocht deine Mutti)	___ o p f

Lösungswort: ☐ ☐ ☐ ☐ ☐ ☐ ☐ ☐ ☐ ☐ ☐ ☐ ☐ ☐

Wir basteln Pfingstrosen

Zuerst besorgen wir uns:

Krepppapier in zwei verschiedenen Farbtönen (zum Beispiel weiß und hellrosa oder rosa und pink) und dunkelgrün.

Außerdem brauchen wir:

starken Blumendraht, den wir im Bastelgeschäft oder im Bau- und Hobbymarkt bekommen.
Dann legen wir noch festes Nähgarn oder Zwirn, Klebstoff und Schere bereit.

Aus dem hellfarbigen Krepppapier schneiden wir einen Streifen von 1 cm Länge und 12 cm Breite zurecht. Nun schneidet man an einer Längsseite den Streifen viele Male ein *(siehe Zeichnung 1)*. Anschließend wird der Streifen aufgerollt.
Schneide nun aus dem dunkleren Krepppapier einen Streifen (40 cm lang und 12 cm breit) zu und umwickle damit die Rolle aus hellem Krepppapier.
Stecke einen etwa 50 cm langen Draht von unten in die Rolle und schnüre sie mit Garn oder Zwirn stramm ab. So entsteht der Blütenansatz.
Aus grünem Krepppapier musst du zwei Blätter ausschneiden *(siehe Zeichnung 2)*.
Umwickle jetzt den Blütenansatz und den Drahtstängel mit grünem Krepppapier. Ungefähr 15 cm unterhalb der Blüte muss man die Blattstängel mit hineinwickeln. Klebe dann die Enden des Krepppapiers fest.
Zum Schluss musst du die Blüte in Form bringen. Dazu dehnst du die beiden äußeren Lagen Krepppapier vorsichtig mit den Fingern, so dass sich zwei abstehende Blütenrosetten ergeben.
Die eingeschnittenen Streifen werden noch zurechtgezupft — fertig ist die erste Pfingstrose!

142

Erntedankfest

Bibelspruch zum Erntedankfest (nach Psalm 145, 15)

Alle Menschen der Welt warten auf dich. Du gibst ihnen etwas zu essen zur rechten Zeit.

Entstehung des Erntedankfestes

Um 1770 fingen die Bauern an, dieses Fest zum Abschluss der Ernte zu feiern. Meistens wird das Erntedankfest am 1. Sonntag im Oktober gefeiert.
In den Kirchen schmücken wir den Altar mit Feldfrüchten wie Getreide, Kartoffeln, Obst und Gemüse.
Heute wird dieses Fest überall, nicht nur in ländlichen Gegenden, als allgemeines Dankfest gefeiert. Dabei danken wir Gott für alle guten Dinge in unserem Leben.

Ein Lied zum Erntedankfest

Wir pflügen und wir streuen den Samen auf das Land,
doch Wachstum und Gedeihen steht in des Himmels Hand:
der tut mit leisem Wehen sich mild und heimlich auf und träuft,
wenn heim wir gehen, Wuchs und Gedeihen drauf.
Alle gute Gabe kommt her von Gott dem Herrn;
drum dankt ihm, dankt, drum dankt ihm,
dankt und hofft auf ihn!

Er sendet Tau und Regen und Sonn- und Mondenschein
und wickelt seinen Segen gar zart und künstlich ein
und bringt ihn dann behende in unser Feld und Brot:
es geht durch unsre Hände, kommt aber her von Gott.
Alle gute Gabe kommt her von Gott dem Herrn;
drum dankt ihm, dankt, drum dankt ihm,
dankt und hofft auf ihn!

Was nah ist und was ferne, von Gott kommt alles her,
der Strohhalm und die Sterne, das Sandkorn und das Meer.
Von ihm sind Büsch und Blätter und Korn und Obst,
von ihm das schöne Frühlingswetter und Schnee und Ungestüm.
Alle gute Gabe kommt her von Gott dem Herrn;
drum dankt ihm, dankt, drum dankt ihm,
dankt und hofft auf ihn!

Er lässt die Sonn aufgehen, er stellt des Mondes Lauf;
er lässt die Winde wehen und tut die Wolken auf.
Er schenkt uns so viel Freude, er macht uns frisch und rot;
er gibt den Kühen Weide und unsern Kindern Brot.
Alle gute Gabe kommt her von Gott dem Herrn,
drum dankt ihm, dankt, drum dankt ihm,
dankt und hofft auf ihn!

(Matthias Claudius, 1783; Melodie: Hannover, 1800)

Erntebräuche

Früher überreichten die Mägde und Knechte dem Bauern die Ernte-
krone: ein aus Ähren gebundener Kranz.
Auch heute noch wird in Gebieten mit Landwirtschaft ein Erntefest
gefeiert. Dabei hängen die jungen Leute einen Erntekranz auf.

Quiz zum Erntedankfest

Nenne die richtige Antwort a, b oder c

1 Seit wann wird das Erntedankfest gefeiert?

❏ a) seit 1670
❏ b) seit 1770
❏ c) seit 1870

2 In welchem Monat wird das Erntedankfest gefeiert?

❏ a) im Oktober
❏ b) im September
❏ c) im August

3 Wann wird das Erntedankfest gefeiert?

❏ a) vor der Ernte
❏ b) mitten in der Ernte
❏ c) zum Abschluss der Ernte

Buchstabensalat

In diesen Salatköpfen haben sich Namen von verschiedenen Früchten versteckt. Finde zuerst die Namen der Früchte heraus und schreibe sie auf die Linien. Lies dann die Anfangsbuchstaben hintereinander. So findest du das Lösungswort. Es ist eine Getreideart.

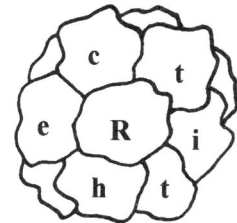

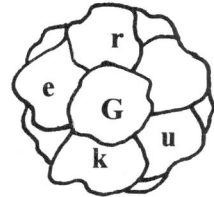

Lösungswort: ☐ ☐ ☐ ☐ ☐ ☐

Halbmond

Hier musst du 13 Wörter suchen. Die Anfangsbuchstaben der gefundenen Wörter ergeben, hintereinander gelesen, ein christliches Fest im Oktober.

1   ein Nachtvogel   _____

2   diesen Gegenstand trägt der Nikolaus
immer bei sich   _____

3   er baute die Arche   _____

4   ein Gefäß, in dem deine Mutti kocht   _____

5   ein Trag- und Lasttier   _____

6   Tochter von Jakob   _____

7   Bruder von Kain   _____

8   ein Musikzeichen   _____

9   Bruder von Abel   _____

10 ein großes Holzgefäß oder eine Tonne   _____

11 Planet, auf dem wir Menschen leben   _____

12 Frau von Abraham und Mutter von Isaak _____

13 Gegenteil von hoch   _____

Lösungwort: ☐ ☐ ☐ ☐ ☐ ☐ ☐ ☐ ☐ ☐ ☐ ☐

Ein Kreuzworträtsel für ältere Kinder

Gesucht wird der Monat, in dem wir Erntedankfest feiern. Das Lösungswort ergibt sich aus den unten nummerierten Feldern 1 bis 7.

Waagerecht:

1 der zweite Evangelist im Neuen Testament;
7 ein Straßenbelag;
9 ein französischer Artikel (Geschlechtswort);
11 Autokennzeichen für Hamburg;
12 Autokennzeichen für Karlsruhe;
13 dieser Gegenstand weckt dich jeden Morgen;
15 fünfter Sohn von Jakob (1. Mose 30, 6);
16 Autokennzeichen für Mosbach;
17 so nennt man eine Zitatensammlung;
18 das Huhn legt es;
19 chemisches Zeichen für Beryllium;
21 Autokennzeichen für Aalen;
22 die Bezeichnung für eine Schicht,
   wenn man etwas aufschichten will;
24 eine Prophetin, die Frau von Lappidot (Richter 4, 1-16).

Senkrecht:

2 Abkürzung für Altes Testament;
3 ein Waldtier, das sehr scheu ist;
4 Autokennzeichen für Kelheim;
5 die Heimatstadt von Abraham (1. Mose 11, 27-31);
6 Gartenpflanzen mit schönen Blüten;
8 das Land der Kanaaniter;
10 ein bekannter Seemannsruf;
12 ein Ort in Galiläa; hier verwandelte Jesus auf einer Hochzeit Wasser in Wein (Johannes 2, 1-12);

150

14 Autokennzeichen für Remscheid;
15 ein hinweisendes Wort; auch ein Umstandswort;
19 Abkürzung für Bundesautobahn;
20 lateinisch: ich;
22 französischer Artikel (Geschlechtswort);
23 Autokennzeichen für Erlangen.

1	2	3	4	5		
		7				
6		7				8
5		3				
9	10		11		12	
					2	
13		14		15		
16				17		
	4					
18			19	20	21	
				6		
	22			23		
	24					
				1		

Lösungswort: ☐ ☐ ☐ ☐ ☐ ☐ ☐

Lied-Ergänzungsrätsel

Die Punkte in dem Volkslied aus Bessarabien musst du durch Buchstaben ersetzen (ü = ue).

R.eckt◆endli.h◆E.nteze.t◆her.n◆d.nn◆m.ss
◆d.e◆blank.◆S.nse◆dra.:◆D.nn◆zie.◆i.h
◆i.◆d.s◆F.ld◆hin.us◆u.d◆schne.d◆u.d◆
f.hr◆d.e◆Fruch.◆n.ch◆Hau.

Fruchtsalat

Ordne die Buchstaben und trage sie der Reihe nach in die Kästchen ein. Es ergeben sich jeweils Früchte. Wenn du die Buchstaben in den Kästchen, über denen sich der Pfeil befindet, hintereinander liest, ergibt sich eine andere Frucht.

S	I	N	E	A	P	F	E	L
R	O	N	E	Z	I	T
N	E	B	A	N	A
S	C	H	E	K	I	R
B	E	E	R	E	H	I	M
F	E	L	A	P
O	N	E	M	E	L
B	E	E	R	E	E	R	D
K	E	G	U	R
T	R	A	U	B	E	W	E	I	N
A	R	I	N	E	M	A	N	D
E	L	B	E	E	R	E	H	E	I	D

↓

Lösungswort: ☐☐☐☐☐☐☐☐☐☐☐☐

Früchtekreuzung

Trage in Pfeilrichtung folgende Obst- und Gemüsesorten ein, die die Bilder zeigen:
Wenn du gerne malst, kannst du die Zeichnungen bunt ausmalen.

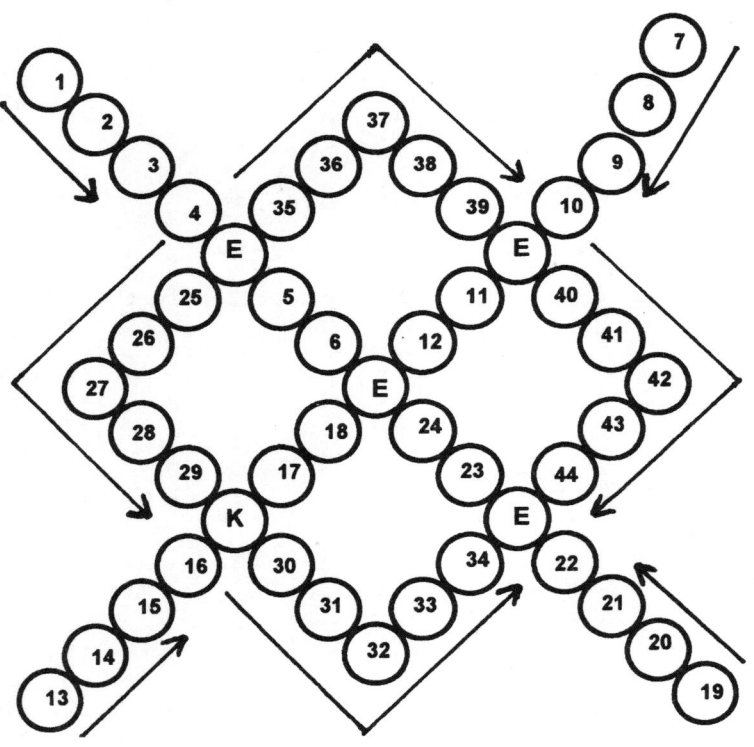

1 bis 6

7 bis 12

13 bis 18

19 bis 24

25 bis 29

30 bis 34

35 bis 39

40 bis 44

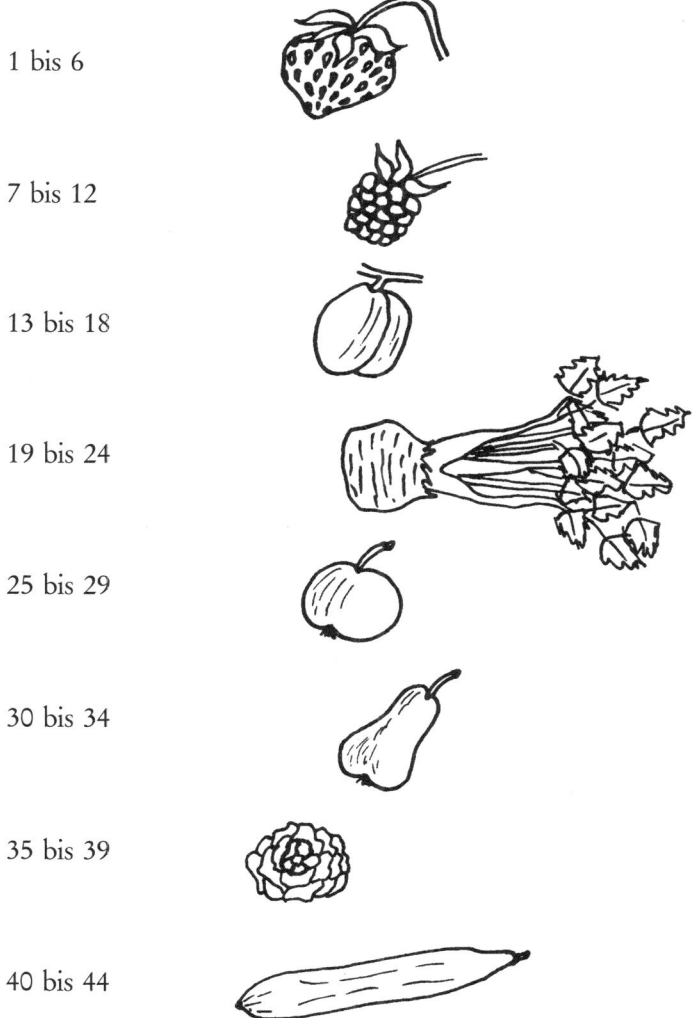

Früchtekorb (Bild zum Ausmalen)

Mein rechter Platz ist leer,
ich wünsche mir eine Nelke her (Spiel)

Mitspieler: sechs und mehr

Die Kinder sitzen auf Stühlen im Kreis; ein Stuhl muss frei bleiben.
Jedes Kind gibt sich einen Blumen-Namen. Annalena sitzt links vom
leeren Stuhl und ruft: »Mein rechter Platz ist leer, ich wünsche mir
eine Aster her!«
Die »Aster« setzt sich schnell neben Annalena. Jetzt darf sich die ver-
lassene linke Asternachbarin eine andere Blume an ihre leer gewor-
dene Seite wünschen.
So geht das ganze Spiel, bis alle Kinder ihre Plätze gewechselt haben.
Wer »schläft« und nicht sofort aufspringt, wenn sein Blumen-Name
aufgerufen wird, scheidet aus und muss ein Pfand abgeben.

Einige Blumennamen: *Rose; Aster; Lilie; Lotos; Nelke; Tulpe; Dahlie;*
Primel; Reseda; Anemone; Geranie; Teerose; Pfingstrose; Narzisse;
Veilchen; Vergissmeinnicht; Schneeglöckchen; Stiefmütterchen; Krokus;
Löwenmäulchen; Osterglocke.

Abwandlung:

Man kann das Spiel auch mit Namen von Obst- und Gemüsesorten
durchführen.

Zum Beispiel: *Gurke; Radieschen; Rettich; Salat; Kirsche; Pflaume;*
Apfel; Birne; Himbeere; Erdbeere; Brombeere; Kürbis; Bohne; Pfirsich;
Tomate; Kartoffel; Johannisbeere.

Obst raten (Spiel)

Mitspieler: beliebig viele

In der Küche muss ein Erwachsener mehrere Tellerchen mit kleinen Obststückchen vorbereiten. Zum Beispiel: Je ein Tellerchen mit *Bananenscheiben; Mandarinen- und Apfelsinenspalten; Apfel- und Birnenstückchen; Weintrauben; Haselnüsse; Walnüsse* usw.

Die Teller werden zugedeckt auf den Tisch gestellt. Alle Kinder verlassen den Raum.

Der Reihe nach werden die Kinder einzeln mit verbundenen Augen ins Zimmer geführt. Der Spielleiter oder ein Kind, das schon dran war, füttert nun den Spieler nach und nach mit einem Obststückchen von jedem Teller. Am Geschmack soll jedes Kind erraten, welches Obst es gerade gegessen hat.

Wer die meisten Obstsorten richtig nennen kann, gewinnt das Spiel und bekommt einen kleinen Preis. Die anderen dürfen die Obsttellerchen leer essen.

Früchte-Memory (Bastel- und Spielvorschlag)

Mitspieler: zwei und mehr

Um ein Früchte-Memory selbst zu basteln, braucht man ein Blanko-Memory-Spiel *(Bezugsquelle: BLANKI-Memory [72 Karten], ALS-Verlag GmbH, Justus-von-Liebig-Straße 19, 63128 Dietzenbach - zum Teil auch in Bastelgeschäften erhältlich)* und viele kleine Bilder von Früchten. Jedes Bild muss doppelt vorhanden sein. Ihr findet solche Bilder in Gartenkatalogen und Prospekten von Gartenmärkten. Man kann auch die Bilder aus Gartenbüchern fotokopieren und bunt anmalen.

Die Bilder werden ausgeschnitten und auf die Memory-Kärtchen geklebt.

Anschließend könnt ihr damit spielen. Alle Kärtchen werden verdeckt auf den Tisch gelegt, gemischt und in Reihen geordnet.

Das jüngste Kind darf beginnen und deckt 2 Kärtchen auf. Alle prägen sich ein, was sich darauf befindet. Dann werden die Kärtchen wieder umgedreht. Das zweite und alle anderen Kinder machen es der Reihe nach genauso, bis es einem Kind gelingt, zwei gleiche Früchte aufzudecken. Das Kind darf dieses Karten-Paar wegnehmen und kommt noch einmal an die Reihe.

Das Spiel geht weiter, bis alle Früchte-Paare gefunden sind und keine Kärtchen mehr auf dem Tisch liegen.

Wer die meisten Paare gesammelt hat, gewinnt das Spiel.

Kartoffeldruck (Bastelvorschlag)

Mit Stempeln aus dicken Kartoffeln könnt ihr zum Erntedankfest Servietten oder Deckchen bedrucken.

Ihr braucht einige dicke gewaschene *Kartoffeln; ein scharfes Messer; einen dünnen schwarzen Filzstift; Wasserfarbkasten; Pinsel; Wassernapf und weiße Papierservietten.*

Den Tisch, an dem ihr arbeiten wollt, deckt ihr vorher mit alten Zeitungen ab.

Die Kartoffeln werden mit dem Messer halbiert. Dann zeichnet ihr mit dem schwarzen Filzstift ein Motiv auf die Schnittfläche der Kartoffel, zum Beispiel *einen Apfel, eine Birne oder eine Blattform (siehe Zeichnung 1).*

Nun muss rund um das Motiv die Kartoffel so weggeschnitten werden, dass nur das Motiv übrig bleibt *(siehe Zeichnung 2).*

Wenn ihr dazu noch zu klein seid, lasst euch von euren Eltern dabei helfen!

Pinselt dann das Motiv mit Wasserfarbe ein und druckt am Rand der Serviette entlang ein Motiv nach dem anderen als Schmuckkante ab.

Wenn ihr die Servietten nicht nach dem Gebrauch wegwerfen wollt, müsst ihr weißen Baumwollstoff zum Drucken verwenden. Dann könnt ihr Servietten oder Deckchen herstellen, die waschbar sind. Vielleicht hat eure Mutter oder Großmutter noch ein altes weißes Bettlaken, das ist für Kartoffeldruck prima geeignet.

Zum Drucken braucht ihr licht- und wasserfeste Stofffarben, die man im Bastelgeschäft kaufen kann.

Wenn der Stoff fertig bedruckt und die Farbe gut getrocknet ist, muss der Stoff von links einige Minuten lang gebügelt werden. Dabei verbindet sich die Farbe mit dem Stoff und man kann ihn auch waschen.

1

2

Reformationstag

Bibelspruch zum Reformationstag
(nach 1. Korinther 3, 11)

Ein anderes Fundament kann niemand legen, denn es ist schon gelegt. Das Fundament ist Jesus Christus.

Entstehung des Reformationstages

Reformation heißt Erneuerung. In Deutschland entstand zu Beginn des 16. Jahrhunderts eine Bewegung, die die Kirche erneuern wollte. Diese Reformation sollte die inneren und äußeren Missstände beseitigen, die sich im Laufe der Zeit eingeschlichen hatten.
Die Leute, die einiges in der bestehenden Kirche nicht in Ordnung fanden, wollten diese Dinge verändern, aber sie wollten keine neue Kirche gründen.
Der geistliche Führer der Reformationsbewegung wurde Martin Luther. Er setzte sich gegen den Ablasshandel ein und damit begann der Kampf. Dieser Kampf endete entgegen seiner Absichten mit einer Spaltung der Kirche. Die evangelische Kirche entstand.

Der Reformationstag wird in den evangelischen Kirchen Deutschlands am 31. Oktober oder an dem darauf folgenden Sonntag gefeiert.
Wir erinnern uns daran, dass Martin Luther am 31. 10. 1517 ein Papier mit 95 Thesen, das sind 95 Behauptungen zum Diskutieren, an der Tür der Schlosskirche in Wittenberg annagelte. Damit begann die Reformation.

Der Ablasshandel

Im Mittelalter hatten die Menschen große Angst vor dem Gericht Gottes und den ewigen Strafen, die sie im Fegefeuer abbüßen mussten. Sie glaubten, dass die Kirche ihnen Befreiung von diesen Strafen geben könnte. Die Zeit des Fegefeuers könnte man abkürzen, wenn man für einen guten Zweck »Ablassbriefe« kaufte. Da die Kirche und der Papst Geld brauchten, zogen Ablassprediger durch das Land und boten Ablassbriefe an. Es entstand ein weit verbreiteter Handel mit Ablassbriefen. Die Menschen glaubten, dass sie sich damit von ihren Sünden freikaufen könnten, manche Reichen kauften Ablassbriefe auf Vorrat. Einer der bekanntesten Ablassprediger war der Mönch Tetzel. Er verkaufte sogar Ablassbriefe für Menschen, die schon gestorben waren. Davon steht natürlich nichts in der Bibel. Da im Mittelalter aber nicht viele Leute lesen konnten, ließ die Kirche die Menschen in diesem falschen Glauben, um mehr Geld einnehmen zu können.

Das Leben Martin Luthers

Am 10. November 1483 kam Martin in Eisleben zur Welt. Ein Jahr später zog die Familie nach Mansfeld. Martin wurde von seinen Eltern sehr streng erzogen. Bis zu seinem 14. Lebensjahr besuchte er die Schule in Mansfeld und ging dann in Magdeburg und später in Eisenach zur Schule.
Er musste sich seinen Lebensunterhalt mit Singen an den Haustüren der Bürger zum Teil selbst verdienen.
Im Jahre 1501 ging Martin nach Erfurt an die Universität. Er studierte unter anderem Jura.
Am 2. Juli 1505 geriet er bei einem Spaziergang in ein schweres Gewitter. Plötzlich schlug dicht neben ihm ein Blitz ein, und er stürzte zu Boden. Martin hatte große Angst und versprach, ein Mönch zu werden, wenn er das Unwetter überlebte.
Seine Freunde und die Professoren konnten ihn nicht verstehen, und sein Vater war sehr enttäuscht, als Martin sein Versprechen in die Tat umsetzte und in das Augustinerkloster in Erfurt eintrat.

In seiner Zeit als Mönch und Priester lernte er auch die schlimmen Folgen des Ablasshandels und andere Missstände in der Kirche kennen.

Er schrieb in 95 Thesen, das sind Behauptungen, seine Meinung gegen den Ablasshandel auf. Wie es damals üblich war, forderte er zu einer öffentlichen Diskussion über seine Thesen auf, indem er sie am 31. Oktober 1517 plakatgroß an das Tor der Wittenberger Schlosskirche annagelte.

Eigentlich waren die Thesen nur für fachkundige Kirchenleute bestimmt gewesen, doch sie gingen wie ein Lauffeuer durchs ganze Land. Überall wurde über Martin Luthers 95 Thesen mit unterschiedlichsten Meinungen gesprochen.

Die Kirche und sogar der Papst in Rom waren empört und verlangten, dass Luther seine Behauptungen zurücknehmen solle.

Weil Martin Luther dazu nicht bereit war, verhängte die Kirche den Bann und die Regierung die Reichsacht über ihn. Das bedeutete, dass er aus der Kirche ausgeschlossen wurde, dass sein Vermögen beschlagnahmt wurde, dass niemand ihn aufnehmen durfte und seine Bücher und Schriften nicht mehr gedruckt werden durften.

Am 26. April 1521 fuhr Luther vom Reichstag in Worms ab, um nach Hause zu reisen. In den Wäldern bei Eisenach wurde seine Kutsche überfallen und er selbst wurde mit Gewalt weggeschleppt, niemand wusste, wohin.

Schnell stellte sich heraus, dass einer seiner Freunde, Hans von Berlepsch, ihn hatte entführen lassen, um seine Feinde zu täuschen und Luther auf der Wartburg in Sicherheit zu bringen und zu verstecken. Er zog sein Mönchsgewand aus, vertauschte es mit Ritterkleidung und ließ sich einen Bart wachsen. 10 Monate versteckte sich Martin Luther auf der Wartburg bei Eisenach. Dort nannte man ihn »Junker Jörg«. In dieser Zeit übersetzte er das Neue Testament aus dem Griechischen in die deutsche Sprache.

Im Jahre 1525, am 13. Juni, heiratete Martin Luther Katharina von Bora, die früher Nonne gewesen war. Sie lebten nun in Wittenberg. Familie Luther hatte sechs Kinder, zwei Mädchen davon starben früh. Martin Luther übersetzte auch das Alte Testament, das 1534 fertig wurde, schrieb mehrere Bücher und verfasste Lieder, die wir noch heute in der Kirche singen. Eines der bekanntesten Lieder, das er im Jahre 1529 schrieb, ist:

Ein feste Burg ist unser Gott,
ein gute Wehr und Waffen.
Er hilft uns frei aus aller Not,
die uns jetzt hat betroffen.
Der alt böse Feind mit Ernst er's jetzt meint;
groß Macht und viel List sein grausam Rüstung ist,
auf Erd ist nicht seinsgleichen.

Mit unsrer Macht ist nichts getan,
wir sind gar bald verloren;
es streit' für uns der rechte Mann,
den Gott hat selbst erkoren.
Fragst du, wer der ist?
Er heißt Jesus Christ,
der Herr Zebaoth,
und ist kein andrer Gott,
das Feld muss er behalten.

Und wenn die Welt voll Teufel wär
und wollt uns gar verschlingen,
so fürchten wir uns nicht so sehr,
es soll uns doch gelingen.
Der Fürst dieser Welt,
wie sau'r er sich stellt,
tut er uns doch nicht;
das macht, er ist gericht':
ein Wörtlein kann ihn fällen.

Das Wort sie sollen lassen stahn
und kein Dank dazu haben;
er ist bei uns wohl auf dem Plan
mit seinem Geist und Gaben.
Nehmen sie den Leib,
Gut, Ehr, Kind und Weib:
lass fahren dahin,
sie haben's kein Gewinn,
das Reich muss uns doch bleiben.

Um einen Rechtsstreit zu schlichten, reiste Luther im Januar 1546 nach Eisleben. Dort klagte er über starke Schmerzen in der Brust. Er starb am 18. Februar 1546 in seiner Geburtsstadt. Am 22. Februar 1546 wurde Martin Luther in der berühmten Schlosskirche in Wittenberg beigesetzt.

Luthers Thesenanschlag (Bild zum Ausmalen)

Quiz zum Reformationstag

Nenne die richtige Antwort a, b oder c

1 An welchem Tag und Monat wird der Reformationstag jedes Jahr gefeiert?

- ❏ a) am 30. September
- ❏ b) am 31. Oktober
- ❏ c) am 30. November

2 Wann wurde Martin Luther in welcher Stadt geboren?

- ❏ a) am 10. September 1483, in Erfurt
- ❏ b) am 10. November 1483, in Eisenach
- ❏ c) am 10. November 1483, in Eisleben

3 Warum wird der Reformationstag gefeiert?

- ❏ a) zum Gedenken an Luthers Thesenanschlag
- ❏ b) zum Gedenken an Luthers Leben
- ❏ c) zum Gedenken an die Evangelische Kirche

4 Wie viele Thesen schlug Martin Luther an einer Kirche an?

- ❏ a) 90 Thesen
- ❏ b) 95 Thesen
- ❏ c) 100 Thesen

5 In welcher Stadt schlug Martin Luther die Thesen an?

❏ a) in Erfurt
❏ b) in Eisleben
❏ c) in Wittenberg

6 Wie heißt die Burg bei Eisenach, auf der Martin Luther das Neue Testament übersetzte?

❏ a) Altenburg
❏ b) Wartburg
❏ c) Lutherburg

7 Wann starb Martin Luther?

❏ a) am 18. Dezember 1546, in Eisleben
❏ b) am 18. Februar 1546, in Eisleben
❏ c) am 18. April 1546, in Eisleben

Rebus

Errate zuerst die abgebildeten Gegenstände und trage die Wörter ein.
Jeder Strich ist ein Buchstabe. Streiche dann die durchgestrichenen
Buchstaben in den Wörtern weg. Wenn du die bleibenden Buch-
staben nacheinander liest, findest du ein bekanntes Lied von Martin
Luther.

Lösung:

Ergänzungsrätsel

Zwölf neue Wörter sollen gefunden und zwischen die schon vorhandenen gesetzt werden. Die Kästchen zwischen den bekannten Wörtern entsprechen der Zahl der Buchstaben, die das jeweils neue Wort hat. Es ergibt mit dem vorangehenden und den nachstehenden jeweils ein zusammengesetztes Hauptwort. Beispiel: Speiseeis — Eisbecher. Die Bedeutung der gesuchten Wörter findest du auf der nächsten Seite. Die Anfangsbuchstaben der neu gefundenen Wörter — von oben nach unten gelesen — ergeben einen deutschen Reformator.

1	Fahrrad	☐☐☐☐☐☐	Stoff
2	Blumen	☐☐☐☐☐	Anlage
3	Klassen	☐☐☐☐	Fahrzeug
4	Sahne	☐☐☐☐☐☐	Boden
5	Ferien	☐☐☐☐☐	Rundfahrt
6	Wal	☐☐☐☐	Knacker
7	Blatt	☐☐☐☐	Bub
8	Fluss	☐☐☐☐	Rand
9	Ein	☐☐☐☐	Deckel
10	Gänse	☐☐☐☐	Creme
11	Huf	☐☐☐☐☐	Stange
12	Motor	☐☐☐	Rennen

1 ein warmes Kleidungsstück, das
  du besonders im Winter anziehst;
2 eine Verkehrssignalanlage, an der alle bei Rot stehen bleiben müssen;
3 ein anderer Name für Zimmer;
4 ein Feingebäck; schmeckt gut mit oder ohne Sahne (Mehrzahl);
5 von Wasser umgebenes Land;
6 eine Schalenfrucht; um sie zu öffnen, brauchst du meistens einen
  Knacker;
7 ein Ungeziefertier;
8 ein Gewässerrand; dort kann man sich hinlegen und von der
  Sonne verwöhnen lassen;
9 in diesem Gefäß kocht deine Mutti;
10 eine dünne Decke, die unseren ganzen Körper bedeckt;
11 ein Metall, das ganz schön schwer sein kann;
12 alle Fahrzeuge haben es.

Lösungswort:

☐ ☐ ☐ ☐ ☐ ☐ ◆ ☐ ☐ ☐ ☐ ☐

Ordnungsrätsel

Wenn du die unten stehenden Namen und Begriffe richtig ordnest,
dann ergeben deren *vierte* Buchstaben, hintereinander gelesen, den
Ort, an dem Martin Luther die Thesen an die Schlosskirche schlug.

Betten ◆ Bleistift ◆ Brief ◆ Liege ◆ Loewe ◆ Murren ◆
Robbe ◆ Stier ◆ Wanne ◆ Watte

Lösungen: _____

_____

Lösungswort: ☐ ☐ ☐ ☐ ☐ ☐ ☐ ☐ ☐

Umstellrätsel

Die Buchstaben musst du innerhalb der Reihen so vertauschen, dass
Wörter mit der angegebenen Bedeutung entstehen. Die Anfangsbuchstaben der gefundenen Wörter ergeben, von oben nach unten
gelesen, den Namen des deutschen Bundeslandes, in dem die Wartburg steht.

E E N N T   so nennt man einen Dreschboden _____

E E H N N   weibliches Huhn _____

A B H N U   Kurzwort für Untergrundbahn _____

E E G L N   Himmelsbote _____

E E I R S   Märchenwesen _____

E I M M R   stets, andauernd _____

A B E L N   Vertiefung in der Bauchmitte _____

A G L N Z   Spiegelung auf Flächen _____

C E H I R   Jungenname _____

A C H N T   Tageszeit, in der es draußen
dunkel ist _____

Lösungswort: ☐ ☐ ☐ ☐ ☐ ☐ ☐ ☐ ☐

Auf Luthers Spuren (Würfelspiel)

Für das Würfelspiel braucht ihr den Spielplan *(am besten herauskopieren, vergrößern und bunt anmalen)*, für jeden Mitspieler eine Spielfigur und einen Würfel.

Nun könnt ihr mit dem Spiel anfangen. Alle Spieler stellen ihre Figur in die Stadt Eisleben. Hier beginnt der Lebenslauf von Martin Luther, dem ihr im Spiel folgen könnt.

Wer zuerst das Ziel in der Schlosskirche von Wittenberg erreicht, gewinnt das Spiel. Aber im Laufe seines Lebens hat Martin Luther vieles erlebt und erfahren! Beachtet dazu die Ereignisfelder!

Es wird keine Spielfigur hinausgeworfen, also können auf einem Feld auch mehrere Figuren stehen!

Viel Spaß!

Spielplan

Eisleben

Schlosskirche

von Wittenberg

176

1 Am 10. November 1483 kommt Martin in Eisleben zur Welt! *Gehe ein Feld vor!*

2 Umzug nach Mansfeld! Schulbesuch in Mansfeld vom 6. bis 14. Lebensjahr. Später besucht Martin Schulen in Magdeburg und Eisenach. Er muss sich seinen Lebensunterhalt durch Singen von Haus zu Haus verdienen. *Setze einmal aus!*

3 Seit 1501 studiert Martin Luther in Erfurt. *Rücke ein Feld vor!*

4 Am 2. Juli 1505 gerät er in ein Gewitter, ein Blitz schlägt dicht neben ihm ein und er verspricht: »Hilf du, heilige Anna! Ich will ein Mönch werden!« *Rücke ein Feld vor!*

5 Im Sommer 1505 tritt Martin Luther in das Augustinerkloster in Erfurt ein. Seine Freunde und sein Vater raten ihm vergeblich davon ab. *Setze zweimal aus!*

6 Am 31. Oktober 1517 bringt Martin Luther am Tor der Schlosskirche von Wittenberg ein Plakat mit 95 Thesen gegen den Ablasshandel an und fordert damit zu Diskussionen darüber auf! *Gehe zwei Felder vor!*

7 Der Papst droht Luther den Kirchenbann an. Am 10. Dezember 1520 verbrennt er diesen Brief des Papstes öffentlich vor dem Stadttor von Wittenberg. *Rücke ein Feld vor!*

8 Beim Reichstag in Worms im April 1521 weigert sich Martin Luther ebenfalls, seine Ansichten zu widerrufen! *Setze einmal aus!*

9 Am 26. April 1521 verlässt Martin Luther Worms und hat noch 21 Tage freies Geleit, bevor er in die Reichsacht kommt. Auf dem Heimweg wird er zum Schein entführt, um sein Leben zu retten. *Gehe zwei Felder vor!*

10 Luther lebt auf der Wartburg in Sicherheit als »Junker Jörg« verkleidet. Niemand weiß, wo er sich aufhält. *Setze einmal aus!*

11 Während seines Aufenthalts auf der Wartburg übersetzt Martin Luther die Bibel ins Deutsche. *Gehe zwei Felder vor!*

12 Am 13. Juni 1525 heiratet Martin Luther die ehemalige Nonne Katharina von Bora. *Rücke ein Feld vor!*

13 Martin Luther ist nun Familienvater. Seine Frau und er haben

sechs Kinder. Das Familienleben wirkt sich auf seine Arbeit aus. *Setze einmal aus!*

14 Um einen Rechtsstreit zu schlichten, reist Martin Luther mit seinen Söhnen im Januar 1546 nach Eisleben. Dort wird er schwer krank. *Gehe zurück nach Eisleben an den Start!*

15 Am 18. Februar 1546 stirbt Martin Luther in Eisleben. Am 22. Februar wird sein Leichnam in der Schlosskirche von Wittenberg beigesetzt. *Gehe vor bis zum Ziel in der Schlosskirche.*

Buß- und Bettag

Bibelspruch zum Buß- und Bettag (nach Sprüche 14, 34)

Gerechtigkeit macht ein Volk groß; aber das Böse, die Sünde, bringt die Leute ins Verderben.

Johannes der Täufer predigt (nach Matthäus 3, 1-6)

Damals lebte in der Wüste von Judäa ein Mann, der hieß Johannes. Viele Leute wanderten zu ihm hinaus, um ihn zu sehen und seine Worte zu hören. Er trug keine normale Kleidung, sondern ein Gewand aus Kamelhaaren mit einem Ledergürtel. Auch seine Nahrung war merkwürdig: Er aß Heuschrecken und Honig von wilden Bienen.

Sicher waren viele neugierig auf diesen sonderbaren Mann. Als die Leute aus Jerusalem, aus ganz Judäa und aus der Jordangegend zu Johannes kamen, hörten sie seine Worte: »Ändert euer Leben! Tut Buße! Gott will jetzt seine Herrschaft, sein Reich, aufbauen und sein Werk zu Ende führen!«

Viele von den Menschen, die Johannes zuhörten, gaben offen zu, welche Fehler und bösen Taten sie begangen hatten. Sie taten also Buße, änderten ihr Leben und ließen sich von Johannes im Fluss Jordan taufen. Deswegen heißt dieser Mann auch Johannes der Täufer.

Johannes der Täufer am Jordan (Bild zum Ausmalen)

Entstehung des Buß- und Bettages

Der Buß- und Bettag wird in der evangelischen Kirche am Mittwoch vor dem letzten Sonntag des Kirchenjahres begangen. Er war früher ein gesetzlicher Feiertag. An diesem Tag sollen wir an unsere Fehler und Sünden denken und sie bereuen.

Früher wurde nur in besonderen Notzeiten ein Buß- und Bettag angeordnet.

1852 wurde der Buß- und Bettag zum ersten Mal von der Eisenacher Konferenz vorgeschlagen und 1934 von der Evangelischen Kirche in Deutschland allgemein eingeführt.

Inzwischen ist er als offizieller Feiertag in fast allen Bundesländern wieder abgeschafft worden, aber auch weiterhin wird er als kirchlicher Festtag begangen.

Ein Vers von Martin Luther

Da unser Herr und Meister Jesus Christus spricht: »Tut Buße«, hat er gewollt, dass das ganze Leben der Gläubigen Buße sei.

Quiz zum Buß- und Bettag

Nenne die richtige Antwort a, b oder c

1   In welchem Monat wird der Buß- und Bettag begangen?

☐ a) im September
☐ b) im Oktober
☐ c) im November

2 An welchem Tag wird der Buß- und Bettag begangen?

☐ a) am Mittwoch vor dem letzten Sonntag des Kirchenjahres
☐ b) am Donnerstag vor dem letzten Sonntag des Kirchenjahres
☐ c) am Freitag vor dem letzten Sonntag des Kirchenjahres

3 In welchem Jahr wurde der Buß- und Bettag erstmals von der Eisenacher Konferenz vorgeschlagen?

☐ a) im Jahre 1852
☐ b) im Jahre 1872
☐ c) im Jahre 1892

4 In welchem Jahr wurde der Buß- und Bettag ein gesetzlicher Feiertag?

☐ a) im Jahre 1924
☐ b) im Jahre 1934
☐ c) im Jahre 1944

5 Was bedeutet das Wort Buße?

☐ a) Opfer und Tempel
☐ b) Recht und Gerechtigkeit
☐ c) Bereuen und Sinnesänderung

Zusammensetzrätsel

Wenn du die Wörter in die richtige Reihenfolge bringst, ergeben sie jeweils Bibelsprüche.

1. Psalm 24, 1

Lösung: _____

2. Psalm 27, 1

Lösung: _____

3. Psalm 89, 53

Lösung: _____

Liedrätsel

Rate die Wörter von 1 bis 23. Alle haben 6 Buchstaben. Die *dritten* Buchstaben der gefundenen Wörter ergeben, von oben nach unten gelesen, ein christliches Kinderlied.

1 ☐ ☐ ☐ ☐ ☐ ☐
2 ☐ ☐ ☐ ☐ ☐ ☐
3 ☐ ☐ ☐ ☐ ☐ ☐
4 ☐ ☐ ☐ ☐ ☐ ☐
5 ☐ ☐ ☐ ☐ ☐ ☐
6 ☐ ☐ ☐ ☐ ☐ ☐
7 ☐ ☐ ☐ ☐ ☐ ☐
8 ☐ ☐ ☐ ☐ ☐ ☐
9 ☐ ☐ ☐ ☐ ☐ ☐
10 ☐ ☐ ☐ ☐ ☐ ☐
11 ☐ ☐ ☐ ☐ ☐ ☐
12 ☐ ☐ ☐ ☐ ☐ ☐
13 ☐ ☐ ☐ ☐ ☐ ☐
14 ☐ ☐ ☐ ☐ ☐ ☐
15 ☐ ☐ ☐ ☐ ☐ ☐
16 ☐ ☐ ☐ ☐ ☐ ☐
17 ☐ ☐ ☐ ☐ ☐ ☐
18 ☐ ☐ ☐ ☐ ☐ ☐
19 ☐ ☐ ☐ ☐ ☐ ☐
20 ☐ ☐ ☐ ☐ ☐ ☐
21 ☐ ☐ ☐ ☐ ☐ ☐
22 ☐ ☐ ☐ ☐ ☐ ☐
23 ☐ ☐ ☐ ☐ ☐ ☐

1 Frau des Zebedäus (Markus 15, 40);
2 so nennt man auch einen Nichtchristen;
3 jemand, der eine Wohnung gemietet hat;
4 damit kannst du schneiden, zum Beispiel das Fleisch;
5 jemand, der einen Vortrag hält;
6 das Autorad nennt man so;
7 diese Tiere liefern dem Imker Honig;
8 eine Prophetin, die Frau von Lappidot (Richter 4, 1-16);
9 so nennt man den Ort oder das Land, in dem man wohnt;
10 hier kaufte Abraham die Höhle Machpela; dort wurden Isaak, Rebekka, Lea und Jakob begraben;
11 ein kleiner Berg;
12 so nennt man eine Stoffrolle;
13 so nennt man belehrende Erzählungen, in denen Tiere vorkommen (Mehrzahl);
14 ein Seitenteil eines Gebäudes;
15 ein deutscher Reformator;
16 so nennt man einen Präriewolf;
17 Leute, die eine Zeitung schreiben und herausbringen;
18 Teile von Vögeln;
19 ein Hausangestellter;
20 ein anderes Wort für Junge oder Knabe;
21 der zweite Teil dieses Feiertags; Buß- und ...;
22 ein Fabeltier, ein Ungeheuer;
23 ein Trimm-dich-Läufer.

Lösung:

☐☐☐☐ ◆ ☐☐☐ ◆ ☐☐☐☐☐ ◆ ☐☐☐ ◆

☐☐☐☐☐ ◆ ☐☐☐

Die Spitze fehlt

Für jedes Kästchen ist ein Buchstabe einzusetzen, so dass in den senkrechten Reihen sinnvolle Hauptwörter entstehen. Wenn du richtig geraten hast, nennt die obere Waagerechte ...

1. ... die Hauptstadt von Israel

□ □ □ □ □ □ □ □ □

E	R	E	R	C	A	A	L	A
S	I	I	S	H	R	S	I	R
U	K	S	E	A	O	S	A	I
S	A	E	L	L	N	O	S	A

2. ... die Heimatstadt in Galiläa von Jesus, Maria und Josef

□ □ □ □ □ □ □

O	B	A	D	E	S	A
A	E	U	A	I	A	N
H	L	N	M	S	U	Z

3. ... einen Berg bei Jerusalem (ö = oe)

□ □ □ □ □ □ □

M	S	A	A	B	A	A
R	E	U	L	E	U	S
I	L	S	L	R	M	T

Buchstabenrätsel

Rate zuerst die Wörter von 1 bis 21 und trage sie ein. Die Anfangsbuchstaben der gefundenen Wörter ergeben, von oben nach unten
gelesen, einen Bibelspruch aus 1. Thessalonicher 5, 17. Die Buchstaben kannst du hier wegstreichen, wenn du sie verwendet hast.

a – a – a – a – a – a – a – a – a – a – a – b – b – b – c – c – d – e –
e – e – e – e – e – e – e – e – e – e – e – e – e – e – e – e – e – f –
g – g – h – h – i – i – i – i – k – k – l – l – l – l – l – l – l – l – l – l –
l – m – m – m – n – n – n – n – n – n – n – n – n – n – n – o – o –
o – o – o – o – r – r – r – r – r – r – s – s – s – s – s – s – s – t – t –
t – t – t – t – u – u – w

1 eine Wurfschlinge, die Cowboys
   benutzen   _____

2 ein Wort, das man am Ende
   eines Gebetes sagt   _____

3 der erste israelitische König   _____

4 heftiger Wind   _____

5 ein Backwerk   _____

6 das hinterlässt eine Wunde   _____

7 ein Stacheltier   _____

8 eine Kniegeige   _____

9 ein großer Raum   _____

10 eine Verwandte   _____

11 ein Drahtstift _____

12 Bruder von Kain _____

13 ein Spaßmacher im Zirkus _____

14 an diesem großen Landeplatz
legen Schiffe an _____

15 von Wasser umgebenes Land _____

16 Bruder von Mirjam und Aaron _____

17 ein Schutz für Wunden _____

18 so nennt man einen Hausvorbau _____

19 ein Raum- und Gewichtsmaß;
ein Fass wird auch so genannt _____

20 eine Heidepflanze und ein Mädchenname _____

21 ein Geruchsorgan _____

Lösung:

☐☐☐☐☐◆☐☐☐☐☐◆☐☐☐ ◆☐☐◆

☐☐☐☐☐

Wir gestalten ein Gebetbüchlein

Vielleicht hast du Freude daran, selbst ausgedachte Gebete oder Gebete und Sprüche, die du irgendwo gelesen hast, aufzuschreiben und so ein eigenes Gebetbüchlein zu gestalten?
Kaufe dir dafür ein Poesie-Album oder ein kleines, aber dickeres Schulheft.
In dieses Büchlein trägst du nun deine eigenen Gebete und andere Gebete und Sprüche ein. Dabei kannst du jedes Gebet auf eine Seite schreiben und die Ränder bunt gestalten, zum Beispiel mit kleinen Zeichnungen, Mustern oder Aufklebern.
Wenn du magst, kannst du auch deine Familie bitten, dir einen Vers in dein Büchlein zu schreiben.
Hast du ein Heft verwendet, kann auch der Umschlag noch passend gestaltet werden, indem du einen Titel und ein verziertes Namensschild aufklebst. Sicher hast du auch noch eigene Ideen!

Ewigkeitssonntag

Bibelspruch zum Ewigkeitssonntag
(nach Johannes 11, 25 - 26)

Jesus spricht: Ich bin die Auferstehung und das Leben. Wer an mich glaubt, der wird leben, auch wenn er stirbt; und wer lebt und glaubt an mich, der wird niemals sterben.

Entstehung des Ewigkeitssonntags

Der Ewigkeitssonntag wird auch Totensonntag genannt. Er ist der letzte Sonntag des Kirchenjahres, bevor mit der Adventszeit das neue Kirchenjahr beginnt.
Die Christen begehen den Totensonntag seit 1816. Wir erinnern uns an diesem Sonntag besonders an die Verstorbenen. Für diesen Anlass werden die Gräber auf dem Friedhof besonders geschmückt.
Der Name Ewigkeitssonntag soll darauf hinweisen, dass wir einmal sterben müssen und dass Jesus als Richter der Welt wiederkommen wird.

Bräuche am Ewigkeitssonntag

Friedhöfe, also größere Felder mit Gräbern, gibt es etwa seit dem 4. Jahrhundert nach Christus.
Aber schon seit der Steinzeit haben die Menschen ihre Toten begraben. Wissenschaftler haben diese alten Gräber untersucht und herausgefunden, dass man damals den Toten Grabbeigaben mitgab. Meistens handelte es sich dabei um Schmuck, Waffen, Geräte, Werkzeuge und Nahrungsmittel. Man glaubte, dass die Verstorbenen diese Dinge im Leben nach dem Tode gebrauchen könnten.
Auch die Formen der Gräber waren und sind von Zeit zu Zeit, von Land zu Land unterschiedlich. Es gibt Hügel- und Flachgräber in der Erde, Felsengräber, aber auch riesige Grabmäler, wie zum Beispiel die Pyramiden in Ägypten.

Ein Lied zum Ewigkeitssonntag

Es kennt der Herr die Seinen
und hat sie stets gekannt,
die Großen und die Kleinen
in jedem Volk und Land.
Er lässt sie nicht verderben,
er führt sie aus und ein;
im Leben und im Sterben
sind sie und bleiben sein.

So hilf uns, Herr, zum Glauben
und halt uns fest dabei.
Lass nichts die Hoffnung rauben.
Die Liebe herzlich sei!
Und wird der Tag erscheinen,
da dich die Welt wird sehn,
so lass uns als die Deinen
zu deiner Rechten stehn!

(Text: Philipp Spitta 1843;
Melodie: Bartholomäus Helder um 1630)

Aus Psalm 39

Herr, zeige mir, wie kurz mein Leben ist
und dass mein Ende unausweichlich kommt;
mach mir bewusst, wie wenig mir noch bleibt!
Die Länge meines Lebens — ein paar Handbreit,
ein Weilchen nur, ein Nichts in deinen Augen.
Wie fest meint jeder Mensch zu stehen
und ist in Wahrheit nur ein Hauch!
Er kommt und geht und gleicht darin dem Traumbild.
Ich setze meine Hoffnung ganz auf dich!
Befreie mich von aller meiner Schuld,
und mach mich nicht zum Spott für Menschen,
die dich und deine Gebote missachten!
Höre mein Gebet, Herr, achte auf mein Schreien;
sei nicht taub für mein Klagen und Weinen!
Ich bin nur Gast bei dir.

Quiz zum Ewigkeitssonntag

Nenne die richtige Antwort a, b oder c

1 Wie nennt man den Ewigkeitssonntag auch noch?

- ☐ a) Sterbesonntag
- ☐ b) Totensonntag
- ☐ c) Grabessonntag

2 Was bedeutet der Ewigkeitssonntag?

- ☐ a) ein Totengedenktag; Gedächtnis des Jüngsten Gerichts
- ☐ b) ein Verwandtengedenktag; warten auf Jesu Wiederkommen
- ☐ c) ein Friedhofgedenktag; Gedächtnis der Angehörigen

3 Seit welchem Jahr wird Totensonntag, später Ewigkeitssonntag genannt, begangen?

- ☐ a) seit 1796
- ☐ b) seit 1816
- ☐ c) seit 1856

4 In welchem Monat wird der Ewigkeitssonntag begangen?

- ☐ a) im Oktober, am letzten Sonntag des Kirchenjahres
- ☐ b) im November, am letzten Sonntag des Kirchenjahres
- ☐ c) im Dezember, am letzten Sonntag des Kirchenjahres

Kreuzrätsel

Die Buchstaben in dem Kreuz muss man bei den Wörtern voransetzen. Dann musst du die Wörter richtig ordnen. Nun ergeben die Anfangsbuchstaben, hintereinander gelesen, ein anderes Wort für Ewigkeitssonntag.

☐ bel — ☐ sau — ☐ rab — ☐ athan — ☐ azaret — ☐ oah — ☐ pfer — ☐ rpa — ☐ aul — ☐ homas — ☐ imotheus — ☐ itus

		A		
		E		
G	N	N	N	O
		O		
		S		
		T		
		T		
		T		

Lösungswort: ☐☐☐☐☐☐☐☐☐☐☐

Ergänzungsrätsel

Die freien Stellen in den Buchseiten musst du durch Buchstaben ersetzen. Es ergibt sich, hintereinander gelesen, ein bekanntes Lied, das die Menschen oft auf Beerdigungen singen (ä = ae).

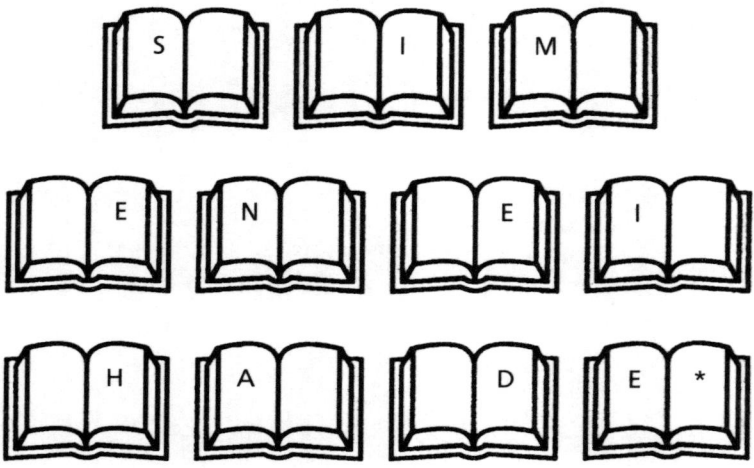

Ein Kreuzworträtsel für ältere Kinder

Gesucht wird die Stätte, auf der die Verstorbenen begraben werden. Das Lösungswort ergibt sich aus den unten nummerierten Feldern 1 bis 8.

Waagerecht:

1 Sohn König Davids und der Batseba (2. Samuel 5, 14);
7 Frau von Abraham und Mutter Isaaks (1. Mose 17, 17-27)
9 Autokennzeichen für Emmendingen;
11 Autokennzeichen für Reutlingen;
12 chemisches Zeichen für Barium;
13 Autokennzeichen für Sonneberg;
15 italienischer Priestertitel;
16 ein Treffer beim Fußballspiel;
17 ein großer und gefährlicher Raubfisch;
18 die Heimatstadt von Abraham (1. Mose 11, 27-31);
19 Autokennzeichen für Duisburg;
21 chemisches Zeichen für Selen;
22 Anrede an Gott;
24 die Zeit, wenn du nicht in die Schule zu gehen brauchst.

Senkrecht:

2 chemisches Zeichen für Arsen;
3 ein Weißhandgibbon (Affenart);
4 so nennt man eine Wohnsiedlung;
5 Autokennzeichen für Mannheim;
6 er war ein Nachfolger von Prokurator oder Statthalter Felix (Apostelgeschichte 25, 1-12);
8 er wurde in eine Löwengrube geworfen; Gott sorgte aber dafür, dass er gerettet wurde;
10 so nennt man ein Sumpfgelände;
12 Mann der Rut (Rut 2-4);
14 Abkürzung für Nummer;

15 Abkürzung für Doppelhaus;
19 deutscher männlicher Artikel (Geschlechtswort);
20 ein bekannter Kanton der Schweiz;
22 chemisches Zeichen für Helium;
23 Autokennzeichen für Recklinghausen.

	1	2	3	4	5		
				7			
6 1		7					8 5
9 4	10		11 2			12	
13		14			15		
16					17		3
18			19	20		21	
		22 6			23		
	24 8						

Lösungswort: ☐ ☐ ☐ ☐ ☐ ☐ ☐ ☐

Kopfrätsel

Jedes dieser Wörter soll einen neuen Kopf erhalten — man muss also einen neuen Buchstaben davorsetzen. Dabei müssen aber wieder sinnvolle Wörter entstehen! Beispiel: Wald — Ewald. Diese neuen Buchstaben ergeben, wenn man sie von oben nach unten liest, die Bezeichnung für einen Grabschmuck, den die Menschen ein paar Tage vor dem Ewigkeitssonntag auf die Gräber ihrer Angehörigen legen. Alle *neuen* Wörter haben fünf Buchstaben.

1 jeder ohne Ausnahme   (Saft der Leber)

— — — —   — — — — —

2 wenn dir alles gleichgültig ist   (in dieses Gestell stellt man Bücher)

— — — —   — — — — —

3 so nennt man die ländliche Gegend   (ein berühmter schweizerischer Filmschauspieler, Mario …)

— — — —   — — — — —

4 Bruder von Kain   (Name Babylons im Alten Testament)

— — — —   — — — — —

5 eine Zirbelkiefer   (so nennt man ein Stroh- und Getreidebündel)

— — — —   — — — — —

6 ein Wort für: wenn du
jemanden lieb hast

(ein Ort am Tegernsee)

— — — —

— — — — —

7 ein Ringelwurm,
Blutsauger

(eine Schiffsleinwand beim
Segelschiff)

— — — —

— — — — —

8 Name einer englischen
Prinzessin

(ein Nadelbaum)

— — — —

— — — — —

9 Teile der Woche

(so nennt man in einem Gebäude
ein Stockwerk)

— — — —

— — — — —

10 so nennt man den menschlichen Unterarmknochen

(Stadt in Niedersachsen)

— — — —

— — — — —

11 dieses Wort sagt man beim
Ende eines Gebetes

(Stadt im Bezirk Arnsberg; in
Nordrhein-Westfalen)

— — — —

— — — — —

Lösungswort: ☐ ☐ ☐ ☐ ☐ ☐ ☐ ☐ ☐ ☐ ☐

Blumen (Bild zum Ausmalen)

Lösungen

Advent

Quiz zu Advent, S. 24

1b (4); 2a (Ankunft); 3c (Adventskranz); 4b (4 Kerzen); 5c (seit dem 19. Jahrhundert); 6a (am 4. Sonntag vor Weihnachten); 7b (Nikolaus); 8c (Knecht Ruprecht).

Kerzenrätsel, S. 26

Macht hoch die Tuer.

Kastenrätsel, S. 27

Waagereicht: 1 **K**; 2 Relle; 3 Maria; 4 SZB; 5 Te; 6 **N**
Senkrechtes Lösungswort: 1 Kerzen.

Adventspuzzle, S. 28

Advent! Advent!
Ein Lichtlein brennt,
erst eins, dann zwei,
dann drei, dann vier,
dann steht das Christkind
vor der Tür.

Weihnachten

Quiz zu Weihnachten, S. 47

1b (im Dezember); 2a (am 25. Dezember); 3c (Maria und Josef); 4a (in Betlehem); 5c (im Stall); 6a (Ochse und Esel); 7b (den Hirten); 8c (Krippe und Windeln).

Weihnachtsrätsel, S. 49

1 S; 2 TR; 3 Oma; 4 Leim; 5 Laban; 6 Elster — Lösungswort: Stolle.

Puzzle-Rätsel, S. 50

Nussknacker

Wer war bei der Geburt Jesu alles dabei?, S. 51

1 F (Maria); 2 I (Gott); 3 J (der Engel Gabriel); 4 C (Kaiser Augustus); 5 L (ein Engel); 6 M (die Heerscharen der Engel); 7 A (die Hirten); 8 D (die Sterndeuter); 9 B (Herodes); 10 K (in einer Futterkrippe); 11 N (Betlehem); 12 G (nach Ägypten); 13 H (Juda); 14 E (Josef).

Malen nach Zahlen, S. 53

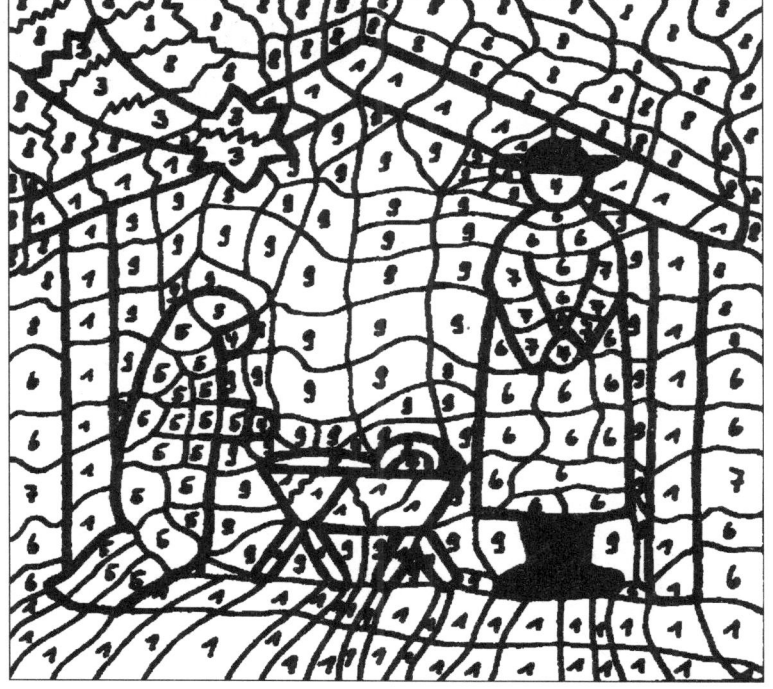

Eine Weihnachtslügengeschichte (Spiel), S. 55

Die richtigen Wörter lauten der Reihenfolge nach:
Augustus — Steuerlisten — Maria — Nazaret — Betlehem — erstes —
Jesus — in der Herberge — einem Stall — Windeln — Menschen —
Schafhirten — Betlehem.

Epiphanias

Quiz zu Epiphanias, S. 70

1c (die Sterndeuter); 2a (aus dem Morgenland); 3a (»Erscheinung des Herrn«); 4b (Heilige Drei Könige); 5c (im Januar); 6a (am 6. Januar); 7b (seit dem 4. Jahrhundert); 8c (Christus segne das Haus).

Schlangenrätsel, S. 72

1 bis 3: Heiss; 2 bis 4: Okapi; 5 bis 7: Adern; 6 bis 8: Nizza — Lösungswort: Hosianna.

Buchstabenrätsel, S. 73

Wo finden wir das neugeborene Kind?

Palmsonntag

Quiz zum Palmsonntag, S. 80

1b (ein Sonntag vor Ostern); 2c (eine Eselin und ein Füllen); 3a (nach Jerusalem); 4c (Kleider); 5b (Zweige von den Bäumen); 6a (Hosianna!).

Biblisches Silbenrätsel, S. 82

1 Paulus; 2 Adam; 3 Luther; 4 Mose; 5 Sabbat; 6 Omri; 7 Noah; 8 Nazaret; 9 Titus; 10 Abraham; 11 Golgota — Lösungswort: Palmsonntag.

Kästchen-Zahlenrätsel, S. 83

A = 4; B = 15; C = 21; D = 26; E = 2; F = 12; G = 24; H = 17; I = 6; J = 19; K = 9; L = 11; M = 25; N = 1; O = 18; P = 10; Q = 22; R = 5; S = 8; T = 16; U = 14; V = 3; W = 23; X = 13; Y = 7; Z = 20.

1 Ferien; 2 Regina; 3 Unfall; 4 Emmaus; 5 Hummel; 6 Lineal; 7 Ingrid; 8 Nummer; 9 Garten — Lösungswort: Fruehling.

Kopf-Fuß-Rätsel, S. 85

1 Aaron; 2 Pferd; 3 Oskar; 4 Silas; 5 Titus; 6 Eimer; 7 Lippe; 8 Gleis; 9 Erker; 10 Schal; 11 Creme; 12 Heute; 13 Inder; 14 China; 15 Holle; 16 Tanne; 17 Erbse — Lösungswort: Apostelgeschichte.

Karfreitag

Quiz zum Karfreitag, S. 93

1 a (am Freitag vor Ostern); 2b (seit dem 2. Jahrhundert); 3c (Simon aus Kyrene); 4a (Golgota); 5b (Wein mit Galle vermischt); 6c (zwei Räuber, einer zur Rechten und einer zur Linken); 7a (Mein Gott, mein Gott, warum hast du mich verlassen?); 8b (einen Schwamm, getränkt mit Essig).

Kreuzrätsel, S. 95

Kain — Aaron — Rebekka — Freitag — Rom — Elisabeth — Isai — Tempel — Adam — Gott — Lösungswort: Karfreitag.

Gesucht wird ein Evangelist, S. 96

1 Mose; 2 Adam; 3 Tier; 4 Till; 5 Hans; 6 Abel; 7 Eden; 8 Ufer; 9 Saul — Lösungswort: Matthaeus.

Ergänzungsrätsel, S. 97

Mein Gott, mein Gott, warum hast du mich verlassen (Matthäus 27, 46).

Kastenrätsel, S. 98

1 Pfarrer; 2 Richter; 3 Galater; 4 Bananen; 5 Leisten; 6 Kamerun; 7 Engpass — Lösungswort: Pilatus.

Ostern

Quiz zu Ostern, S. 107

1a (seit dem 2. Jahrhundert); 2b (3 Tage); 3c (Maria von Magdala und Maria); 4a (ein Engel); 5b (ein Stein); 6c (Jesu Jünger); 7a (der auferstandene Jesus); 8b (nach Galiläa).

Bilderrätsel, S. 109

1 Rose; 2 Maus; 3 Katze; 4 Netz; 5 Arm; 6 Lampe; 7 Iglu — Lösungswort: Osterei.

Kasten-Silbenrätsel, S. 110

1 Mutter; 2 Morija; 3 Marine; 4 Fliege; 5 Kaefer; 6 Baeume; 7 Nathan; 8 Daniel; 9 Sommer; 10 Thomas; 11 Petrus; 12 Israel; 13 Banane; 14 Natter; 15 Uganda; 16 Rassel; 17 Kaemme; 18 Gisela; 19 Morgen; 20 Redner; 21 Masern; 22 Felsen; 23 Paulus — Lösungen: Maria und Maria aus Magdala.

Ein Buchstabe fehlt, S. 112

Fromm — Hasen — Tiger — Jesus — Rasen — Silke — Lukas — Roman — Maria — Lösungwort: Osterlamm.

Himmelfahrt

Quiz zu Himmelfahrt, S. 123

1c (Höllenfahrt); 2b (40 Tage); 3a (40 Tage); 4b (Jerusalem); 5a (eine Wolke); 6c (weiße Gewänder).

Treppenrätsel, S. 125

1) 1 P; 2 Au; 3 und; 4 Laus; 5 U-Bahn; 6 Schafe — Lösungswort: Paulus.
2) 1 J; 2 AC; 3 Kuh; 4 Ofen; 5 Babel; 6 Uelzen; 7 Sebulon — Lösungswort: Jakobus.

Perlenkette aus einem Bibelspruch, S. 126

Ich bin immer bei euch, jeden Tag, bis zum Ende der Welt. (Matthäus 28, 20)

Bilderrätsel, S. 127

1 Hand; 2 Igel; 3 Maus; 4 Mann; 5 Engel; 6 Löwe – Lösungswort: Himmel.

Bibelspruch-Rätsel, S. 128

Dieser Jesus, der von euch weg in den Himmel aufgenommen wurde, wird auf dieselbe Weise wiederkommen, wie ihr ihn habt weggehen sehen. (Apostelgeschichte 1, 11)

Pfingsten

Quiz zu Pfingsten, S. 135

1c (50 Tage); 2b (seit dem 3. Jahrhundert); 3a (ein Brausen); 4a (der heilige Geist von Gott); 5c (in allen anderen Sprachen); 6b (aus Galiläa); 7a (»Sie sind betrunken vom süßen Wein!«); 8c (Petrus).

Stufenrätsel, S. 137

1 Pfingsten; 2 Fahrbahn; 3 Imkerei; 4 Nacken; 5 Gabel; 6 Saul; 7 Tee; 8 Ei; 9 N – Lösungswort: Pfingsten.

Die mittlere Senkrechte, S. 138

1 Batseba; 2 Gabriel; 3 Markise; 4 Gattung; 5 Drachen; 6 Schalom; 7 Ruessel; 8 Senator; 9 Staemme; 10 Strauch; 11 Steward; 12 Suender; 13 Schanze – Lösungswort: Bartholomaeus.

Neue Köpfe, S. 140

1 Paul; 2 Feld; 3 Igel; 4 nass; 5 grau; 6 Sand; 7 Tina; 8 Pilz; 9 Rabe; 10 Eber; 11 Deck; 12 Imme; 13 Golf; 14 Topf — Lösungswort: Pfingstpredigt.

Erntedankfest

Quiz zum Erntedankfest, S. 146

1b (seit 1770); 2a (im Oktober); 3c (zum Abschluss der Ernte).

Buchstabensalat, S. 147

1 Rettich; 2 Orange; 3 Gurke; 4 Gerste; 5 Erdbeere; 6 Nuss — Lösungswort: Roggen.

Halbmond, S. 148

1 Eule; 2 Rute; 3 Noah; 4 Topf; 5 Esel; 6 Dina; 7 Abel; 8 Note; 9 Kain; 10 Fass; 11 Erde; 12 Sara; 13 tief — Lösungswort: Erntedankfest.

Ein Kreuzworträtsel für ältere Kinder, S. 150

Waagerecht: 1 Markus; 6 Teer; 9 La; 11 HH; 12 KA; 13 Uhr; 15 Dan; 16 MOS; 17 Ana; 18 Ei; 19 Be; 21 AA; 22 Lage; 24 Debora. *Senkrecht:* 2 AT; 3 Reh; 4 KEH; 5 Ur; 6 Blumen; 8 Kanaan; 10 Ahoi; 12 Kana; 14 RS; 15 Da; 19 BAB; 20 Ego; 22 Le; 23 ER. *Lösungswort:* Oktober

Lied-Ergänzungsrätsel, S. 152

Rueckt endlich Erntezeit heran, dann muss die blanke Sense dran: Dann zieh ich in das Feld hinaus und schneid und fahr die Frucht nach Haus.

Fruchtsalat, S. 152

Apfelsine – Zitrone – Banane – Kirsche – Himbeere – Apfel – Melone – Erdbeere – Gurke – Weintraube – Mandarine – Heidelbeere – Lösungswort: Stachelbeere.

Früchtekreuzung, S. 154

1 bis 6 = Erdbeere; 7 bis 12 = Himbeere; 13 bis 18 = Aprikose; 19 bis 24 = Sellerie; 25 bis 29 = Apfel; 30 bis 34 = Birne; 35 bis 39 = Salat; 40 bis 44 = Gurke.

Reformationstag

Quiz zum Reformationstag, S. 169

1b (31. Oktober); 2c (am 10.November 1483, in Eisleben); 3a (zum Gedenken an Luthers Thesenanschlag); 4b (95 Thesen); 5c (in Wittenberg); 6b (Wartburg); 7b (18. Februar 1546, in Eisleben).

Rebus, S. 171

Ein feste Burg ist unser Gott.

Ergänzungsrätsel, S. 172

1 Mantel; 2 Ampel; 3 Raum; 4 Torten; 5 Insel; 6 Nuss; 7 Laus; 8 Ufer; 9 Topf; 10 Haut; 11 Eisen; 12 Rad – Lösungswort: Martin Luther.

Ordnungsrätsel, S. 173

Loewe – Bleistift – Watte – Betten – Brief – Wanne – Robbe – Stier – Murren – Liege – Lösungswort: Wittenberg.

Umstellrätsel, S. 174

Tenne – Henne – U-Bahn – Engel – Riese – Immer – Nabel – Glanz – Erich – Nacht – Lösungswort: Thueringen.

Buß- und Bettag

Quiz zum Buß- und Bettag, S. 182

1c (im November); 2a (am Mittwoch vor dem letzten Sonntag des Kirchenjahres); 3a (im Jahre 1852); 4b (im Jahre 1934); 5c (Bereuen und Sinnesänderung).

Zusammensetzrätsel, S. 183

1 Dem Herrn gehört die ganze Erde mit allem, was darauf lebt. (Psalm 24, 1)
2 Der Herr ist mein Licht, er befreit mich und hilft mir; darum habe ich keine Angst. (Psalm 27, 1)
3 Der Herr sei für alle Zeiten gepriesen! Amen, so soll es sein! (Psalm 89, 53)

Liedrätsel, S. 184

1 Salome; 2 Heiden; 3 Mieter; 4 Messer; 5 Redner; 6 Reifen; 7 Bienen; 8 Debora; 9 Heimat; 10 Hebron; 11 Huegel; 12 Ballen; 13 Fabeln; 14 Giebel; 15 Luther; 16 Kojote; 17 Presse; 18 Federn; 19 Diener; 20 Bengel; 21 Bettag; 22 Drache; 23 Jogger — Lösung: Lies die Bibel, bet jeden Tag.

Die Spitze fehlt, S. 186

1 Jerusalem; 2 Nazaret; 3 Oelberg.

Buchstabenrätsel, S. 187

1 Lasso; 2 Amen; 3 Saul; 4 Sturm; 5 Torte; 6 Narbe; 7 Igel; 8 Cello; 9 Halle; 10 Tante; 11 Nagel; 12 Abel; 13 Clown; 14 Hafen; 15 Insel; 16 Mose; 17 Binde; 18 Erker; 19 Tonne; 20 Erika; 21 Nase — Lösung: Lasst nicht nach im Beten. (1. Thessalonicher 5, 17)

Ewigkeitssonntag

Quiz zum Ewigkeitssonntag, S. 194

1b (Totensonntag); 2a (ein Totengedenktag; Gedächtnis des Jüngsten Gerichts); 3b (seit 1816); 4b (im November, am letzten Sonntag des Kirchenjahres).

Kreuzrätsel, S. 195

Thomas — Opfer — Timotheus — Esau — Nathan — Saul — Orpa — Nazaret — Noah — Titus — Abel — Grab — Lösungswort: Totensonntag.

214

Ergänzungsrätsel, S. 196

So nimm denn meine Haende.

Ein Kreuzworträtsel für ältere Kinder, S. 197

Waagerecht: 1 Salomo; 7 Sara; 9 EM; 11 RT; 12 Ba; 13 SON;
15 Don; 16 Tor; 17 Hai; 18 Ur; 19 DU; 21 Se; 22 Herr; 24 Ferien.
Senkrecht: 2 As; 3 Lar; 4 Ort; 5 MA; 6 Festus; 8 Daniel; 10 Moor;
12 Boas; 14 Nr; 15 DH; 19 der; 20 Uri; 22 He; 23 RE.
Lösungswort: Friedhof.

Kopfrätsel, S. 199

1 Alle − Galle; 2 Egal − Regal; 3 Dorf − Adorf; 4 Abel − Babel;
5 Arbe − Garbe; 6 Gern − Egern; 7 Egel − Segel; 8 Anne − Tanne;
9 Tage − Etage; 10 Elle − Celle; 11 Amen − Kamen − Lösungswort:
Grabgesteck.

hänssler

hänssler

Feste feiern, wie sie fallen

Pb., 180 S.
Nr. 393.370, ISBN 3-7751-1351-7

Feste feiern, mit viel Spaß und guter Laune, ist eine hohe Kunst. Wie kann man eine vornehmsteife Hochzeitsgesellschaft zum Lachen bringen? Was muss man tun, damit langweilige Geburtstage zu Sternstunden des Frohsinns werden?
Egal, ob der Anlass eine Hochzeit, ein Geburtstag oder ein Treffen in Jugend- oder Kindergruppe ist — die originellen Sketche und Spiele werden in jedem Fall für Heiterkeit bei Jung und Alt sorgen. Ein Buch, das für alle Gelegenheiten gleich gut geeignet ist.

Bitte fragen Sie in Ihrer Buchhandlung nach diesem Buch!
Oder schreiben Sie an den Hänssler Verlag, D-71087 Holzgerlingen.